一代影星上官云珠

二十世纪四十年代上海滩红极一时的电影明星

她是新中国"二十二大明星"之一。

她美艳娇媚，善解人意。

她的爱情生活丰富曲折，先后经历了五次婚姻。

她的一生在大时代的变动中充满了传奇色彩。

哀愁如一江春水

西歧 著

中国书籍出版社
China Book Press

图书在版编目（CIP）数据

哀愁如一江春水：一代影星上官云珠 / 西歧著．—北京：
中国书籍出版社，2013.12（民国女人）
ISBN 978-7-5068-4022-4

Ⅰ．①哀… Ⅱ．①西… Ⅲ．①上官云珠（1920～1968）—生平事迹 Ⅳ．① K825.78

中国版本图书馆 CIP 数据核字（2013）第 312854 号

哀愁如一江春水——一代影星上官云珠

西　歧　著

策划编辑	武　斌　陈　武
责任编辑	成晓春
责任印制	孙马飞　张智勇
出版发行	中国书籍出版社
地　　址	北京市丰台区三路居路 97 号（邮编：100073）
电　　话	（010）52257143（总编室）（010）52257153（发行部）
电子邮箱	chinabp@vip.sina.com
经　　销	全国新华书店
印　　刷	北京中华儿女印刷厂
开　　本	710 毫米 × 1000 毫米 1/16
字　　数	125 千字
印　　张	13.25
版　　次	2014 年 3 月第 1 版　2019 年 4 月第 2 次印刷
书　　号	ISBN 978-7-5068-4022-4
定　　价	42.00 元

版权所有　翻印必究

上官云珠是上世纪四十年代上海滩红极一时的电影明星，其代表作《一江春水向东流》、《天堂春梦》、《万家灯火》、《丽人行》、《乌鸦与麻雀》，都已成为中国电影史的经典作品。

上官云珠生于江阴长泾镇，抗战时与丈夫逃难到上海租界，后在何氏照相馆当店员，并因此机缘认识上海电影、戏剧界名流，从此踏上艺术之路。她的爱情生活丰富曲折，在大时代的变动中充满传奇色彩。她先后与画家张大炎、剧作家姚克、演员蓝马、戏院经理程述尧、导演贺路等相恋，一生经历了五次婚姻，最后香消玉殒在大动乱的历史悲剧之中。

有人说：这个女人，在她的身旁一刻也少不得男人，没有男人，她一天也活不下去。也有人说：这个女人的成功法宝，就是她的美貌。真是这样么？

/ 目 录 /

江南出美女 // 001

美女多磨难 // 012

初识上海滩 // 022

照相馆里来了西施 // 030

梧桐引来金凤凰 // 036

电影梦 // 045

平地起风波 // 050

爱的独白 // 056

初试红妆 // 062

姐妹情深 // 070

第二次爱情 // 076

醋海起波澜 // 092

无锡之行 // 099

铁了离婚心 // 113

名声与人脉 // 126

〱目录〱

婚姻走到了尽头 // 131

第二次结婚 // 136

爱的决裂 // 149

与蓝马相遇 // 157

再坠爱河 // 169

第四次婚姻 // 174

最后一次爱 // 179

沉浮与起伏 // 186

绝唱——凌空一跃 // 193

后　记 // 201

江南出美女

旧时江南，水泽交织，村舍俨然，灯影桨声，鸡犬相闻，小家碧玉，纤指织绣，大户老爷，三妻四妾，仿佛在梦境中一般。那时的景致清明闲适。粉墙黛瓦，曲院花径，雨巷纸伞，晚霞炊烟，水边浣女，灯下绣娘，这是一幅多么宜人、多么诱人的乡村桃源图啊。上官云珠这个美人坯子，便是降生在江阴地界一个叫做长泾的镇子上。

江阴在无锡以北、常熟以西，史上或由常州府管辖，或由苏州府管辖，紧靠长江，水路发达，交通主要依靠摇船来往。长泾小镇，成市极早，商业繁华，聚有三四百人居住，是个历史名镇。风流的故事，在媒婆少妇的口中不绝流传。一入夜，润物细无声，隔墙风影动，小街小巷零零碎碎的脚步声，不是醉鬼东倒西歪的身躯，就是毛头小伙偷香窃玉的行径。

上官云珠出生于1920年3月2日，这一天是农历正月十二，是民间传说百花仙子的生日。据传，百花仙子生日那天出生的女子，定然有花的容貌、花的芬芳、花的灿烂。上官云珠家中的天井里植有数株紫珠花，据说，就在上官云珠出生的那一刻，那花顷刻盛开，"紫珠花开红满堂"。紫珠花，是一种先花后叶的木本植物，隆冬蓄蕾，闻春开放。花开时，枝干几无片叶，一色是密密层层、蓬蓬勃勃的紫红花朵，花色艳丽热烈，有玫瑰一样的颜色，蝴蝶一般的形状。花谢叶绽，迅速长出的一片片规整的心形叶片，密密层层，挤挤挨挨，密不透风。秋后落叶，落得毅然决然，干干脆脆，不留一片，唯余一丛丛光秃秃的枝条。上官云珠是后来的艺名，她当然不姓上官，而是姓韦。父亲名亚樵，字省三，是富户人家的子弟，镇上北街中段有三开间五进店铺，乡下有三四十亩良田，属于小康人家，少小时分读过好多年的书，经史子集，佛道周易，样样涉猎，却样样不精，有点乡村塾师的酸味，有点街坊绅士的风度，也有点本分乡民的愚昧。生了个女儿，他自然要挑一个既有点意思又与众不同的名字，可怎么挑呢？他灵机一动，就仿周文王撒筮占卜之法，取了一部《康熙字典》出来，沐浴更衣，焚香祷告，凝神敛气，随手一翻，第一眼就看到了这一个"荦"字。"荦"者（音luò），有磊落光明、决断明快、卓然超群的意思。于是，为上官云珠取了个"韦均荦"的名字。

不过，在韦均荦小时候，这名字却几乎听不到有什么人叫，韦家姆妈金桂凤喊她小弟，街坊亲友也跟着喊她小弟。

上官云珠是这家人家的第5个孩子，长女名均慈（后更名为月侣）、长子名均寰（后更名为宇平）、次女名均碧（幼年夭折）、三女名均奇（后死于日机轰炸长泾）。

"均荦"两字，在长泾方言中音同"中落"。还在坐月子的日子，韦家姆妈就听到街坊邻居诸如此类议论："那书呆子，怎么会给女儿取这样一个坏名字呢？中落，中落，家道中落，看来韦家会败落下去呢！"就要求丈夫换一个好听点的。韦亚樵听了，冷笑不止，道："肚子里没半滴墨水，却跑来瞎说，真正可笑！若有人将名字起了'国石'、'国熙'，他一定会以为是'国弱'、'国虚'了！（苏南一带，'石'与'弱'、'熙'与'虚'的读音一模一样）当真要让人笑掉大牙！""改名犹如改风水，岂是可以说改就改的？愚蠢之极！"绝不肯改。韦家姆妈知道丈夫的脾气，韦氏家族里的男人个个都是这样的脾气，都是说一不二的主，长泾人给这种脾气起了一个专用名词，叫做"韦家脾气"，但凡听到看到有人犯犟，街坊们总评说："瞧这人的脾气，与北街韦家一色一样！"韦家姆妈拗不过丈夫，内心里却认可着街坊多嘴婆们认为的不吉，又歉疚自己只为韦家生了一个男丁，特别想再怀上几次，产几个男丁，就顾自只管唤韦均荤为小弟。韦家姆妈这样叫，全家人、街坊邻居、亲戚朋友也就跟着这样叫。一直这样叫，一直这样叫，"韦均荤"这本名，便慢慢地被人们遗忘掉了。是以，在长泾街上，说韦小弟人人认识，提韦均荤个个不知。

这小姑娘一天天长大，转眼就进了镇上宋氏小学上了学。小学校里的先生几乎没一个认得这一个生僻的"荤"字的，点名时有时就念做了"荣"，有时就念做了"荤"，有时更念做了"牛"，许多时候就跳过了她的名字不点。小姑娘童稚无忌，每每遇到先生念了白字，总要站起身来大声指谬，"先生真笨，连我的名字也认不得。这字不念'雌雄'的'雄'，不念'热昏'的'昏'，不念'牛蒡'的'牛'，这字应当念'鹿'，'梅花鹿'的'鹿'，'鹤鹿同春'的'鹿'（长泾方言中，"荣"与"雄"、"荤"与"昏"同音）。"常常引得一班同学哄堂大笑，弄得先生脸红耳赤。经常发生这样的事，学校方面就感到很是尴尬——做先生的经常念白字，多少会影响学校的声名，于是，经得校长与韦亚樵斡旋，就将韦均荤改名，改作了韦亚君。

虽然已将"韦均荤"改成了"韦亚君"，但在日常生活中，人们还是只唤她"韦小弟"，大家早已习惯了喊她韦小弟。在她的故乡，"韦亚君"只是个仅局限于在校园内使用的纯粹的学名。这也是上官云珠在故乡一度湮没不闻的原因之一。无论是在上官云珠名满天下时，还是在上官云珠凄惨自尽时，甚至在《一

1930年长泾古镇风貌

江春水向东流》《早春二月》《万家灯火》《乌鸦与麻雀》《舞台姐妹》《今天我休息》等她的主演的影片于改革开放过程中陆续解禁时，生活在她故乡长泾街上的人们，却几乎仍没有几个人知道，她是"我们长泾的女儿"、"小时候曾经经常光着屁股在泾水河里嬉水"。

关于上官云珠的求学生涯，流传最广的说法是，她是在本镇读完了高小后直接上的苏州乐益女子中学初中部，并说其上初中时的学费、寄宿费、伙食费，大部分是由她小学时音乐和绘画任课老师、后来的第一任丈夫张大炎资助的，这个说法中还说，上官云珠之父韦亚樵是个终日酗酒、放浪形骸、好高骛远、不问家事的酒疯子、街痞子、败家子，但这并不确切。

韦亚樵当过塾师、做过店员、开过小铺，他没有多少商业头脑，有点"胆小黑良心"，做不了什么大事，对他来说，或许守成还行，如去创业，则多半会"蚀煞老本"。事实上，在他的手上也确实败掉了一大半的家产，有一次，他受一些朋友的蛊惑煽动，将祖上传下来的所有田产都押给了人，换了几担银洋到上海证券交易所做投机生意，结果输了个"摸大门不着"，弄得家道中落，一蹶不振，一度要依靠其妻金氏日夜纺纱织布和卖掉后面两进两层楼房才能勉强维持生计。但他并没有将家业全部败光，至少，在1952年土地改革的时候，现划作上官云珠纪念馆的那三开间三进350余平方米的街面房仍在他的名下。投资失败，他成了长泾街上的一个败光了家产的典型人物，为人说道，被人笑话，他不免就陷入了难以自拔的极度绝望之中，就变得很消沉，很颓废，很没有家庭责任。有好一阵子，他天天借酒浇愁，日日醉卧街头，被街坊指戳为"酒鬼阿樵"。然而，他即便经历了由小康而"赤贫"的巨大变故，却仍然未让一子三女中的任何一位中断学业，要知道，那时是在1930年代前后，仍是"女子无才便是德"的时代，在那因投资失败而困顿落难的时刻，肯勒紧裤腰带让几个儿女全部读上书，而且坚持让他们读到初中、高中、师范，岂是酒疯子、街痞子、败家子所为？他也有他的顽强坚守。

投资失败并不等同于挥霍败家的败家子，借酒浇愁并不等同于见酒眼红的

2013年长泾街景　西歧摄

酒鬼。

　　他的这种顽强坚守，之后就换来了儿女们的事业人生。长女韦月侣早年是上海道中女子中学教师，后来是《申报》报社的记者，也是一位正直勤奋、颇有成就的作家，出版过《甜梦中的风波》、《一束咖啡的情书》、《二十载繁华梦》、《爱的变化》、《我和嫂嫂》、《民间故事》、《神秘的生活》、《爱的迷惑》、《恋人的归来》等几十种小说以及《学生常用尺牍》等教学理论专著。此外，她还是一位功勋卓著的中共地下工作者，在策动国民党空军军官邢国铮等驾机投诚起义的过程中是直接联络人，在营救对中国抗战事业作出过重要贡献的美国军官卡尔森的行动中担当了情报传递的工作。儿子韦宇平长期在上海卢湾区的中学与教育部门工作，作风谨慎，为人低调，是一位老牌的中共地下工作者，他最主要的功勋是，在建国初期协助潘汉年、杨帆侦破了许多敌特案件，参与了中共一大会址的确认工作，同时他也是上海卢湾区政协第二、三、四、五、六届常委。

盛开中的紫珠花　西歧摄

上官云珠就职上海电影制片厂、上海天马电影制片厂时自填的就学履历为：1926年9月～1930年7月，在长泾镇宋氏小学读初小；1930年9月～1933年7月，在长泾镇长泾小学读高小；1933年9月～1934年7月，在常州武进女子师范附中初中部读书；1934年9月～1934年12月，在上海五伦中学初中部读书；1935年1月～1935年12月，在苏州乐益女中初中部读书。

至于拒绝张大炎的资助，一方面，是因为上官云珠的父亲韦亚樵饱读诗书，是个要面子的小乡绅，他知道"人言可畏"的厉害，决不肯"颜面扫地"地接受来自外姓外族、与自家毫无血亲瓜葛的张大炎的无端资助，"自家女儿念书都要靠别人家来付学费，说出去，岂不要把脸丢到印度国？！"另一方面，此时上官的大哥、大姐（其兄姐均要比上官大十余岁）皆已谋得了中小学教员的职位，家庭经济已经好转了起来，也根本不需要不相干的旁人来资助小妹的学业。初中三年，上官却上了地域不同的三所中学，这是为什么呢？一在其聪颖超群，各科学业皆名列前茅，想进哪校哪校都乐意将其接收；二在其貌相超群，招人喜爱，一颦一笑皆魅力四射，怡人心情；三在其性格豪放，举止大胆，作风前卫，有一副学生王的风范。因这三点，上官每到一校，就都成一校目光和谈资的焦点。老师同学、校内校外，大家都钦羡着她、赞美着她、嫉妒着她，那些老师家的子弟、同学们的兄弟，都以结识、交往她为荣，还有不少是拼了命似的追求她。此外，韦家父母亦知道自家这个宝贝女儿的秉性和个性，知道她很容易惹事生事，也知道富家子弟多少都会沾染点纨绔习气，一怕她上当受骗，二怕她贪慕虚荣，三怕她过早坠入情网，嫁去外乡照顾不到家，所以就只好频频为她换校。

去常州读书，是因为韦家有个关系亲密的亲戚落户在常州。常州武进女子师范附属中学，是所教会学校，该校注重学生德智体美劳全面发展，设施俱全，校内不仅有篮球场，还有一方游泳池。那年冬日的一天，已下过了好几场雪，上官因牵记着校园内那条小河旁边的几株腊梅花，是否已经在银装遍裹的雪国里吐蕊开放，于是用过晚餐后，就哼着歌子款步而去踏雪寻梅，也是巧，她来到河边的时候，恰好遇见了一个极其惊险的场面。但见两位手搀着手在河边打闹嬉戏的女学生，其中一个脚下一滑，径直就往河里栽了下去，另一同学冷不丁吃了一吓，凭着本能想拽住她，不料，也被带倒，几声尖厉的救命声喊过，两人已双双滚入了冰冷的河水中，瞬间已到了河心，在漂浮着碎冰的深水里惊慌地浮沉挣扎。上官奔过去，二话没说，"卟嗵"一声纵跃而下，费了九牛二虎之力，将两人救了上来。事后，两位同学就与她结成了铁杆闺蜜，到了夏天，就央上官教她们学游泳，上官一口答应。于是，付诸行动。不想，她们的这个举动，一下就吸引了全校几乎所有同学的眼球与心思，同学们趋之若鹜，都到河边来

上官云珠20岁时的青春玉女形象 何佐民摄

跟她们学游泳。游泳不但好玩，而且有助于长成一副好身材，若不小心落了水，不但自己淹不死，还可以救别人。一时，在常州城中刮起了一阵女子下河的旋风，弄得一些守旧的家长跺脚大骂，寻到校董会大提意见，有的甚至以退学要挟，要求学校整肃风气。而校方却对上官云珠倡引同学游泳并无异议，认为五四运动都已过去了这么多年，现在是民国年代了，女子游泳恰是开风气之先的移风易俗之举，有助于推动妇女解放，应予支持，结果，校方反将已关闭了多年的游泳池重新开放。然而，韦家那位亲戚却极不赞同，就将这事写进信函寄到了长泾，"女子读书，是为培养贤德淑女，游泳之举，在众目睽睽之下宽衣解带，亮膀露腿，伤风败俗……"，韦亚樵接到信函，气不打一处来，便火速赶去常州教训女儿，然而却是对牛弹琴，水泼不进，你韦亚樵有"韦家脾气"，她韦亚君也有"韦家脾气"，无奈之下，只好编了个旁的理由，为她办了退学手续。

上官在家中闲散了几个月。某日，她与镇上张家与宋家的几个女孩子玩耍，闻知她们过了暑期将结伴赴上海五伦中学读书，回家就央母亲、大哥、大姐做通了父亲的工作，跟了去。上官云珠在五伦中学前前后后只待了3个多月的时间，她之所以没有在上海继续她的学业，是因为她在校中与人打架了。她用一块碎砖将一位高年级男生的头砸了个洞，砸得他浑身是血，倒在地上爬不起来。当时，她以为他会死掉，害怕极了，就连夜逃回了长泾。事后，她才得知，那位男生其实只是受了一点轻伤而已，并无大碍，他之所以倒地不起，只是因为他有见血就晕的毛病。人们问她，为什么要与同学打架？她说，那臭男生竟敢几次三番调戏她，对她动手动脚，她是忍无可忍、万般无奈才动手的。

十五岁的少女，不读书怎么行？正巧，上官的一位堂姐名韦均一前一阵子嫁给了苏州乐益女中校长张冀牖作续弦。虽然是续弦，嫁的却是苏州城里一等一的好人家。这个张冀牖，祖籍安徽，是曾任江苏巡抚、两江总督、两广总督、加太子少保衔的晚清名臣张树声之孙儿，苏州城内的社会名流。张冀牖有四女六儿十个子女，个个才高八斗，四女即是有名的张氏四姐妹，分别是昆曲家顾

上官云珠的父母哥姐（韦亚樵、金桂凤、韦宇平、韦月侣）

传玠先生之夫人张元和、语言学家周有光先生之夫人张允和、文学家沈从文先生之夫人张兆和、德裔美籍汉学家傅汉斯先生之夫人张充和。在当时，张氏四姐妹的声名仅只次于宋氏三姐妹。

上官云珠进了苏州乐益女中，第一次真正地接触到了戏剧。堂姐夫张冀牗是一位铁杆的京昆戏迷，经常邀请沪杭苏常的梨园名班来校搭台演戏，还曾力请马连良到苏州演出、礼聘全福班的名旦尤彩云到家中教授四位女儿学习唱腔，张校长还独立特行地创建了"乐益乐班"和"乐益剧社"，隔三岔四亲自操琴鼓瑟、粉墨登场。在乐益女中看名家演出的时候，上官总是沉浸其中：啊，那妆饰，是何其的灿烂；那水袖，是何其的洒脱；那台步，是何其的多姿；那舞姿，是何其的飘逸；那唱腔，是何其的婉转；那台词，是何其的精致；那表演出来

上官云珠大姐韦月侣女士的著作

的人物故事，是何其撩拨心弦。一眼不眨地观看着，一颗心紧随着演员的一颦一笑而跳动，忽而让人莞尔微笑，忽而让人焦急紧张。那是美的化身，那是梦的衣裳。今生今世，如果自己也能做一个舞者、歌者，该有多么的美啊。

学生时代，上官就爱笑爱唱，活泼率真，火辣奔放，美艳高傲。尤其她那甜甜的一笑，俏皮可爱，就因为这个，长泾镇首富徽张（镇上有两个张姓大族，张大炎家籍贯安徽，是以当地人称之为徽张，以与另一张氏家族区分开）家的大公子张大炎就很早喜欢上了她。张大炎与上官的大哥韦均寰既是少时玩伴，又是要好同学，常常相互串门玩耍。张大炎毕业于刘海粟先生任校长的上海美术专科学校，绘画很好。那几年，张大炎的素描本上，画满了上官少女时代的形象，她的眉，她的鬓，她的笑，她的泪，她的机灵，她的顽皮，他百画不厌。他在婚后说，他在17岁时就爱上了她，他比上官大9岁，他耐心地等待着上官一天天长大，他老早就认定，上官是他的出水芙蓉，是他的今生与来世。于是，上官去常州求学，他就跟去了常州教书，上官到苏州读书，他也尾随着去了乐益女中。两人在苏州乐益女中朝夕相处，彼此爱慕，进而未婚先孕，于是在1936年的暮春时节，两人就结了婚。

张大炎何以能够想去乐益教书就心想事成？说来也是天数，原来，张大炎家与张冀牖家有着极深的渊源，两家本是同宗，在太平天国闹得沸反盈天的时候，时为江阴巨富的张大炎的爷爷张荣望，曾协同武进盛宣怀的父亲时任湖北布政使、盐法武昌道的盛康，在钱粮盐铁等方面，鼎力资助过张冀牖的爷爷时为淮军主要创建人的张树声。

上官在苏州读书，住堂姐夫家。张大炎在苏州教书，也住在张冀牖家。两人同在一个屋檐下。

对于这一段婚姻，上官云珠曾回忆说："那时我年岁尚小，还不晓得什么叫恋爱，只晓得他对我很好，我也对他很好。他比我大9岁，又是我大哥的要好同学、我的老师，所有就无所顾忌地天天和他在一起玩。16岁时，我匆匆告别了美好的少女时代，中断了学业，过早地扮演了为人妻、为人母的角色。"

对这话，若以现在的眼光去看，人们一定会大大地指责张大炎，说他诱骗了未成年的上官云珠，然而，若以当时早婚盛行的时代背景来看，却又再正常不过，俗话"十三岁做娘天下通"，说得虽然很有点夸张，但女子十五、六岁嫁人，在那时是比比皆是，并不如何奇怪，"早生儿子早得福"嘛。

他们之间有无真正的爱情这很难说，但至少在旁人看来，这一段浪漫爱情，是一个25岁的白马王子与一个16岁的灰姑娘的故事，想想也是美的，令人向往的。

美女多磨难

该来例假的时候例假没有来，韦亚君就怀疑自己是否已怀上了孩子，去医院一查，确认是真。这是一桩多么丢脸的事啊！不婚而孕，在当年的道德观念中，与为娼几乎没多大分别。她很害怕，怕父母打骂，更怕张家的大人会嫌弃，当然最怕铺天盖地、波涛汹涌的流言蜚语、道德审判。她决心将孩子打掉。张大炎听了，却不但不急不愁，不担心不害怕，反极其开心，道："哈！我们可以

少年时代：上官云珠（左）与小姐姐韦均奇

马上成婚,生米都已做成了熟饭了,再也不用害怕他们不答应了!"

张大炎的家人会怎样对待这一件事呢?能容忍两人的婚姻么?

关于张大炎家的家族背景,我们先从一段历史故事说起:

1860年2月(清咸丰十年),常州城里驶出一条快船,大帆鼓满了风,纤绳灌足了劲,往北、转南、折东,飞也似的,直奔长泾而来。这不是一条普通的船,这是一条改了装、易了容的官船。这一条官船,外表看去是既普通又破旧,可内里却是十分的宽敞华丽,家具一律是紫檀木的,舱壁挂着名人字画,舱中各室,坐着省部级大员湖北布政使、盐法武昌道盛康、他的随从以及他的家眷。盛康祖居武进,已三代为官,此番匆匆南下,缘于太平天国部队已占领了江宁,即将攻打镇江和常州,整个江南已岌岌可危,顶头上司胡林翼命他回转家乡捐募军资、购运军需,为驻扎在苏北盐城一带由李鸿章、张树声、刘铭传统帅的淮军提供军备。盛康之所以要来长泾,是因为他有一位很要好的富翁朋友居住于此,而且,这位朋友恰同时也是淮军首领张树声的族中兄弟。盛康的这一位挚友,姓张名荣望,籍贯安徽,自祖父始游商江南,后落地生根,扎根长泾,开当铺、立票号、设粮栈、组船队、种桑麻,多种经营,财源广进,富甲一方。武进与江阴,东西紧邻,盛康与张荣望之间的交往与友谊,始于他们父辈在生意场上的协作。

盛康的官船,一路疾行,距长泾是越来越近了。早春的夕阳,粉扑扑的,挨近了西方的地平线,成群的麻雀,正扑腾着翅膀返回村舍旁的竹林,远远地,已看见了长泾镇黑黝黝的轮廓。愈是快要到达,盛康的心情就愈是起伏不止。两家是世交,彼此间虽早是可以掏心换肺的老友,却因各人有各人的尘世牵绊,总是天各一方难以一聚。从来就不曾有过脚抵脚、面对面、互斟茶酒畅谈半天的机会,这一回应当是有了。一想到此,盛康再也无法安坐舱中,就牵了儿子盛宣怀的手去了船头的甲板。盛宣怀时年16岁,不久之后,他将成长成为中国近代史上赫赫大名的洋务派实业巨子。扑面而来的风,犹裹挟着晚冬的凛冽,"咿呀呀"的橹声,更拨动了盛康思友的心弦。这两岸的桑地、粮田,许多都是徽张家的。他给儿子讲徽张经商好德、积财有道、忠君爱国、尊师重教、乐善好施、造福乡亲的事情，一桩桩，一件件，滔滔不绝。盛宣怀听了，脱口就道："这样的人才，朝廷何以不用？中国今日之积弱，皆在重文章、轻经济。爹爹你得好好地荐一荐这位世叔，让他出山为朝廷效力。"盛康拍拍儿子的肩膀，拈须微笑，道："你多此行，正有此意。"父子俩正闲说着，突见前路堵满了船只，靠近一看，皆是密密挨挨装着大块黄石的大船，竟寸步难行。船家喊话问："何时可通行？"对方回答道："明早！"又问："因了什么？"对方说："徽张老爷大造屋，还要重修泾河石驳岸！"盛康莫名其妙，想，在这风雨飘摇、兵荒马乱的岁月，老弟你大造新屋干吗呀？盛康无奈，只好靠岸泊了船，命兵弁掌了灯笼，由盛宣怀搀扶着上了岸。行至市心，但见泾水两岸灯火辉煌，人影绰约，号声高涨，没一丝黑云压城、狼烟笼罩的影子，反是一副热烈沸腾、繁荣昌盛的光景。盛康父子看在眼里，禁不得就连连揉眼，疑心身在梦中。

　　问讯打探，好不容易找着了正在指挥卸石码石的张荣望。张荣望一路小跑

上官云珠少女时代闺房　西歧摄

跑过来，愣了一下，也不下跪也不作揖，与盛康勾肩搭背、说说笑笑就去了自家的客厅。

盛康问："你这大兴土木想干啥？"张荣望说："就借这散尽家财，惠泽乡里。历来，但凡兵祸连结的时候，敌也好、友也好、贼也好、匪也好，都会乌眼鸡似的盯着大户人家。与其让盗贼匪帮暗敲强抢去，不如回馈生我养我的土地。造房、修岸，使出银两，也可给那些春闲的乡民帮添点家用，一旦战火烧过来，也好让大家多点盘缠逃难。"盛康说："此番专程赶来，是想将贤弟荐与曾国藩曾大人、李鸿章李大人。值此多事之秋，朝廷广纳贤才。凭你徽张家的品行与本事，必是大有作为。待洪贼剿灭，也好荣宗耀祖、封妻荫子。"张荣望说："多谢兄台美意，我却不能追随您去。目下，逆贼尚未到，乡里已恐慌，若我等地方士绅先行逃命，人心会更乱、市道会更糟。即便逆贼已到市心，我亦必如老僧入定，坐守家中。"盛康说："我就怕贤弟于乱中遭遇不测。"张荣望哈哈大笑道："我这家财已全变做了石头，怕他甚呢？！"

两人长谈了一宵，虽然盛康没能说服张荣望，却在不经意中给年轻的盛宣怀上了生动而深刻的一课。

两人告别时，张荣望赠与了盛康半舱稻米、半舱布匹，这些都是军中急需之物。

张荣望这一回的大兴土木，给长泾留下了两大标志性建筑：总建筑面积达2128平方米的徽式大宅；总长度达2000余米的泾水河驳岸。那徽式大宅，因其外围围墙底部砌有两人来高的金色黄石，为当地百姓称做"黄石山墙"。

张荣望这一回的"为国分忧"，博得了朝野上下的一致称赞，信誉更加卓著，财路更加宽阔，实力更加雄厚，为此后的徽张家族奠定了澄（江阴县府设于澄江镇，澄，为江阴的简称）东首富的经济地位和社会地位。

时光荏苒，岁月流转，到上官云珠被娶进家门时，包括使唤丫头、护院家丁在内，张家已有近百号人的规模，其中，单出洋留学的就有张大烈（留法画家，刘海粟门生，何香凝义子，抗战时因倾力资助谭震林率领的江南抗日义勇

上官云珠故居（纪念馆） 西歧摄

军，遭中央军的敌后武装忠义救国军暗害）、张大煜（留德博士，物理化学家，中国催化科学奠基人，中科院学部委员）、张大炯（留美教育家，长泾中学创始人）3人，在地方上煊赫得不得了。

越煊赫的人家越注重家声，越要面子。可人家上官云珠已经被你们张家的人睡大了肚皮，他们也不能想不要就不要。

1936年暮春，上官云珠与张大炎缔结连理时，上官16岁，大炎25岁。在之前的几年里，大炎的祖母和母亲曾为大炎物色了数十位门当户对的大家闺秀，家境都很殷实，样貌都很端庄，供他挑选，可是，每一次都遭遇了大炎的拒绝，弄得他们之间的关系很紧张。家里人弄不明白这到底是怎么一回事，哪有二十郎当的后生小伙不想娶妻成婚的？他们以为他是害了什么生理上的暗毛病，就总想找机会请郎中给他瞧上一瞧，然而，张大炎年轻力壮，身体结实，又不伤风，又不咳嗽，疮也没长一次，竟从没找到这样的机会。此次，突然地，门不当户不对地，大炎与那个河北街上老韦家站没有站相坐没有坐相、爬树爬到树头顶游水游到天墨黑的"十三点细娘"、野丫头、疯丫头结合，而且是丢人现眼的奉子成婚，真正是"哑巴吃黄连，有苦说不出"，谁想得到他竟会看上野头野脑不男不女的韦小弟啊？谁想得到他竟会在十六、七岁的时候就暗恋上她呢？她有哪点好？简直是一无是处。不孝子啊不孝子，你千不该，万不该，不该被人骗上了肚皮，更不该把人家的肚皮搞大，徽张家的门风自此被辱没，徽张家的老少自此难抬头。一个黄花闺女，怎么可以未婚先孕？识不识羞耻啊？到底是轻浮过了头了！你自己可以不要脸，可别人要啊，你干吗要来害我们老张家

上官云珠首任丈夫家"黄石山墙"围墙　西歧摄

啊？因了有了这一个先入为主的疙瘩，老夫人、夫人、张家所有的长辈就都极是看不起这个媳妇，就经常有意无意、有事没事为难、刁难她。于是，不免就摩擦频起、纠纷没完。"长得标致又如何？能当饭吃么？""大炎还没有回来，你怎么可以端了饭碗自己先吃呢？你不懂这样'抢筷头'会折了丈夫的寿么？你爹娘从来没有教导过么？就是等到天亮也不能一个人先吃的呀！""出门？三天两头就要出门？挺着个大肚子还天天出门？你以为你这个肚子大得光彩么？你就不能静下心来做做女红浇浇花、敲敲木鱼念念佛、学学画儿看看书？金玉满堂还留不住你的腿，锦衣玉食还收不住你的心，真不知大炎是吃了什么迷药，非要娶你这个长了一双桃花眼的白脚花狸猫！"家中长辈一律将她视作丧门星。

呵，人生奇妙，谁能参透，大炎和亚君的婚姻，虽引起了老夫人、夫人的大大不快，却也磨炼了她们的挫折感和包容心。一年多后，当他们家的另一个孩子张大烈留法归来带了一位金发碧眼、袒胸露脐的洋鬼子女儿（波兰姑娘司达拉斯拉娃，后改名司爱伦，曾任江阴市政协委员）到家、并受到周遭乡民看把戏一般围观指戳时，他们的态度，就变得从容、淡定了许多。张大炎和韦亚君，都深知"家和万事兴"的道理，面对此情此景，夫妇俩相互劝慰、相互打气、相互帮扶、相互思想对策，极尽委曲求全。大炎居中调停，努力动员父亲、大勋、大炯、大烈等接受过新思想熏陶的家人和亲友去做祖母、母亲的工作，尽一切可能回护妻子；韦亚君克己受束，恪守妇德家规，收住脚，管牢嘴，使劲学缝纫、学绣花、学厨艺、学素描、学佛学、学记账，低眉敛眼投其所好服侍祖母、婆婆，尽心尽力为全家人做她认为能够做好的家务，她把家里收拾得干干净净、井井有条，没过多久，全家上下，与她的矛盾逐渐化解，情感逐渐融溶，祖母和婆婆慢慢地喜欢上了她，到后来，对她做的小菜赞不绝口。

未几，张大炎和韦亚君的爱情结晶呱呱坠地，这可是小辈一代第一次开枝散叶啊，而且诞下来的是一个男孩！一个长得非常讨人欢喜的男孩！等了这么多年了，从大炯、大勋、大烈、大炎他们17、18岁的时候就开始等了，而今终

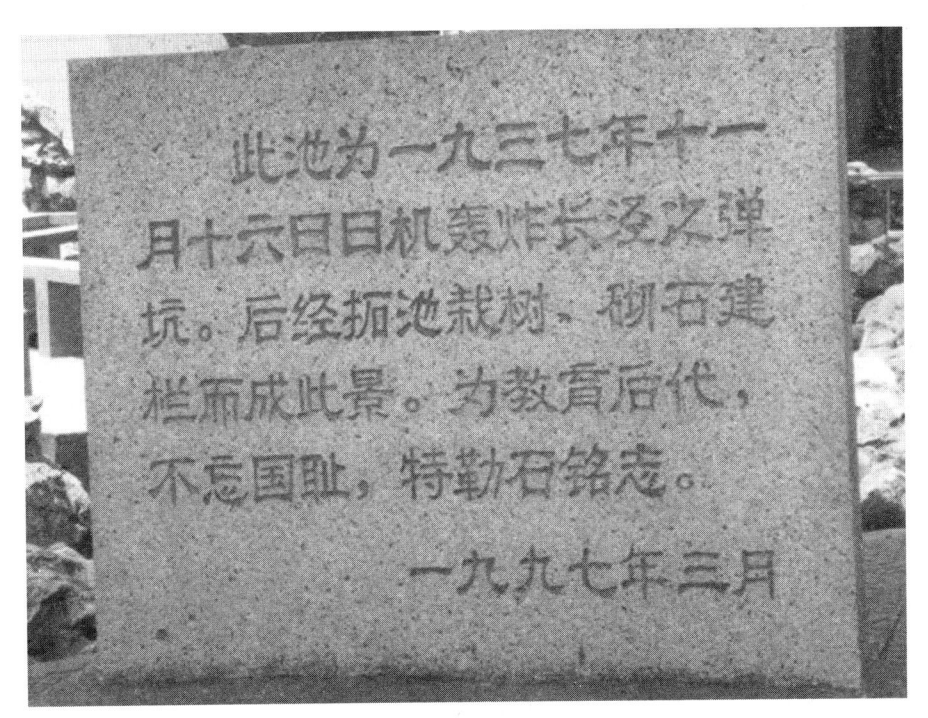

长泾中学校园内日机轰炸弹坑旧址　西歧摄

于等来了,这是多大的一桩喜事啊!张家欢天喜地,一口气摆了九天流水席,在长泾中学操场上搭了戏台连演了九场滩簧戏,庆贺张家后继有人、四世同堂。上官云珠的第一个孩子便是张其坚,乳名小恬恬。比比两人成婚时的场景,可谓天壤之别。他们成婚时,没摆一桌酒席,没请一位亲朋好友,张家只派出几位家仆,于四邻之中挨门挨户派发了一圈喜糖与结子袋。结子袋中放了5样东西:花生果、蜜枣、蜜橘、米糕与桂圆。1987年由上海三联书店出版的《长泾镇志》记录说:"民国25年(1936年),长泾初级中学教师张大炎与韦均荦(即上官云珠)不经媒妁,由相爱而结合。事前仅发出结婚启示,敬告亲友;婚期则略备茶点招待,举行简单仪式,开镇上文明结婚之先例。"

　　如果没有翌年日本鬼子的入侵,这个在街坊间人人都唤做韦家小弟、张家少奶奶的女子,或者就会在这种家长里短油盐酱醋琐琐碎碎的寻常日子里平淡无奇地过一辈子,与张大炎恩恩爱爱白头偕老。

　　1937年初冬的某一天(11月16日),突然地,长泾的上空响彻了轰轰的飞机声，人们探窗望、倚门看，飞机越来越近。小镇上的百姓第一次看到飞机这东西，新奇得不得了，大人孩子奔走呼唤："快来看啊，天上来飞船啦！"人们一个个走出屋子，伸脖仰看。说时迟，那时快，一阵炸弹的尖厉啸声冲耳而至，紧接着便是此起彼伏的巨大爆炸声，人们还没有弄清那是怎么一回事，一些房子就已飞上了天、河里的船儿就已炸散了架。霎时，街巷烟火四窜，早已成火海一片。就在这一次的日寇空袭中，韦家的第三个女儿、上官云珠的"小姐姐"韦均奇被炸弹击中。韦妈妈天旋地转，晕倒在女儿的尸身上。

一阵呼天抢地的哀嚎过后，韦家在慌乱中草草埋葬了死者。乱世之中，逃命要紧，经过短暂的商议，韦亚樵决定让长子长女先行逃往上海租界避难，那里有他们家的老亲和朋友。他们两老呢，则决定陪着还在月子中的上官，与亲家全家一道，尾随溃败的国军逃往战火尚未波及的中国腹地。

一年后，经历了安徽、江西、湖南、湖北、广东、云南等地的颠沛流离后，张大炎、韦亚君接到了已在上海安定下来的哥哥姐姐的信函，说他们在沪上已觅得了教员的饭碗，有了安顿的地方，请他们也来上海。信中说：此时的上海租界，依旧是霓虹闪烁、热闹繁华。

经历了一年多的逃难日子，韦亚君要强、能干、乐观、勤快的个性，充分

上官云珠首任丈夫张大炎　西歧摄于影像资料

显示了出来。逃难路上,她成了一大家子的主心骨、顶梁柱。有疑难,打听问讯是她;上店铺,讨价还价是她;荒野里,埋锅造饭是她;洗衣洗袜是她,寻医问药是她,对付小偷流氓是她,甚至沿街摆摊做点小生意的也是她。

这一段苦难经历,锤炼了上官云珠的意志,丰富了她的人生阅历,无意之中也为她以后的演戏生涯打下了坚实的基础。

初识上海滩

1938年10月前后，上官一家租住上海蒲石路庆福里18号（现长乐路庆福里236弄）的一个小阁楼上。

逃难在外，不比居家，田园荒了，生意断了，职业丢了，收入来源切断了，可伤风咳嗽、喝茶吃水、行路居住，一切的开销却比平时花费的更多，因为战时交通不畅，物资供应紧张，虽生活的需求大大压缩，可物价的上涨却无边无

1936年上官云珠与张大炎结婚合影　西歧摄于视频资料

际。真正是节衣缩食，真正是只保一条性命，连小孩子都是瘦成一把骨头。活下来，不饿死、病死、被歹人害死、为流寇杀死，便是奇迹。一年多的流亡生活，只有出账，没有进账。到达上海时，上官云珠和丈夫基本就只剩下了两袖清风。上海的房金真是贵，巴掌大的小阁楼，再加一个灶披间，就要价二十个大洋！一个毫子都砍不下来。阁楼只能隔着纸薄的芦苇墙紧巴巴挤两张小床、一张小饭桌，马桶都得放到床底下。张大炎付完首期房金，发现已是囊空如洗，到了吃了上顿没下顿的田地，虽然韦大哥、韦大姐马上送来了一些东西，但毕竟有限，不解长久之难。他开始发愁了，这个富家公子哥从来都是衣食无忧，从前在学堂里教几节课只是为了解解厌气，如今大难临头了，不得不要自力更生了。他看着一大家子的人，个个都是面黄肌瘦，衣衫褴褛，吃无好吃，穿无好穿，刚满周岁的儿子满地爬，爬得满脸污垢，一身尘埃，也无法洗个澡，不免终日愁云笼罩、唉声叹气。

上官云珠见了，赶忙就跑过去捧着他的头轻轻摩挲，柔肠百结地安慰他："愁什么呢？俗话说，车到山前必有路，船到桥头自然直，到什么山砍什么柴，我们都有手有脚，总不见得会饿死、冻死。你是大画家刘海粟的得意弟子，会西洋画、会弹钢琴、会说外国话、还会记账，在这上海滩，不愁没人慧眼识珠。我嘛，至少可以去富裕人家当当保姆、做做厨娘，再不济，收点衣裳回来帮人家汰汰也是可以的。你可别忘了，你的女人有着满身的力气，不仅手脚勤快，还做得一手人人夸赞的好饭菜呢。""你还记得吗，4个月前，我们在昆明乡下的一个小镇子上，被小偷偷走了钱包，又与你爹娘走散了，饿了三天三夜。那时，我们实在没有法子了，我就去跟路边江南酒家的老板商量，让我去帮厨试试。跟老板讲好，如果我做的小菜客人喜欢，就把我留下。我们不要工钱，只要有残羹剩饭撑饱全家肚子就行。结果，几天下来，客人都来点我做的菜，饭店生意好了很多，弄得那老板到最后反过来要恳求我们留下，央我们就地落户，与他合伙再开一家店，想想真是好笑。""退一万步说，如果我们在上海真的待不下去，我们还可以去苏州，在苏州城里，你有好多同事、朋友和学生，人头

上海蒲石路庆福里18号建筑

熟，关系广。我们也可以去无锡，在无锡城里，你们张家有很多生意场上的朋友，说什么他们也会帮上一些忙。再不济，我们还可以回老家长泾，在自己家的学堂里教书。"娇妻的一番话头头是道，句句在理，说得张大炎破涕为笑了。

张大炎道："我之所以唉声叹气，不为别的，就为了你，为了我们的小恬恬。我对不起你，对不起小恬恬，是我没本事，不能给你们富足安稳的生活。你看这屋子，这么破、这么矮、这么小，连放个画架的余地都没有，这实在是太委屈你了。当初娶你，本想给你锦衣玉食，不想……，想到这，我这心，就痛得不行。"

韦亚君道："这哪能怪你？这都是可恶的日本鬼子害的。乱世年月，有条命活就是福气了，谁还会计较好坏？你要想想，那些像我三姐一样被鬼子无端炸死的人，有多少？我们还有什么好埋怨的。"

张大炎道："我明天就出去寻工作，你先待在家里，我不舍得你那样辛劳，更不舍得你到外面去抛头露面。"

韦亚君道："你不舍得也得舍得，我又不是什么千金小姐，我嫁给你，是因为爱你，不是为了做衣来伸手饭来张口的少奶奶。现在家里这样艰难，我有责任出一份力、尽一份责任的。从明天起，我一定也要出去找工作去。"

张大炎道："要找，也只准你找省力的活，夜间要加班的，你万不要接。"

韦亚君道："我们是在讨饭啊，哪能挑三拣四？只要能赚钱，什么累活、苦活，我都会干。"

韦亚樵和金氏也表示要出去寻份活做，但为女儿、女婿劝止。

说做就做，第二天一早，两人就出了家门，分别踏上了谋职之路。在韦家大哥、大姐的引荐下，张大炎先去几家学校打听。韦亚君呢，把目标锁定在当厨娘上，专往中式菜馆自荐。几天后，张大炎在几个上海老同学的帮衬下，很快就定下了去一所中学当美术教员。亚君跑了就近的数十家菜馆，却都遭到了拒绝。那些老板不相信一个十八、九岁的乡下姑娘，会炒出什么好菜、煲出什么好汤来，连试烧一下的机会都不肯给她。韦亚君个性倔强，虽四处碰壁，竟毫不气馁，依然天天出外找工作。张大炎看她一天到晚在外面跑，十分劳累，心中就有说不出的疼，就说："找不着，就别硬着去找了，不管怎么说，我们张家总是长泾地界数一数二的大户人家，瘦死的骆驼比马大，即使家里的其他生意都没了，至少还有几百亩田的租子可以收，最近家里带了讯息来，爹娘、大勋、大炯、大烈他们都已回到了乡下，乡下虽闹着鬼子兵、忠救军、杂牌游击队，各路都来收捐派税，但市面还算太平，隔年的租子正陆陆续续在收起来，我写信回去，先让家里汇点过来。"韦亚君却正色道："家里是家里，我们是我们，能靠我们自己的就不要去靠家里，老家家里里里外外有几十口人哩，用度更大，一定也在寅吃卯粮。"

有心栽花花不成，无意插柳柳成行。那一天，已是黄昏，韦亚君拖着沉重的脚步正垂头丧气往家赶，路旁却响起了数声"嗨"、"嗨"声，她闻之，停了脚步，循声侧身，看见一位霓虹映照下的中年男子正朝她招手。"先生，是叫我吗？"

亚君的嗓子很清脆，释放着江南乡间小家碧玉的甜美。"呒没错，阿拉叫个就是侬。阿拉已蛮多几天看到侬走过此地啦，就住在附近个头么？""是个，就住在前面勿远个地方。"亚君见对方西装革履风度翩翩，面相很和善，不像是个坏人，看看不远处还有不少居民在散步，便放心大胆地走了过去。"阿是才来个上海？""是个，才来仔十来天。""老家阿里啊？""江阴长泾。""读过书伐？""读过，读仔三年初中。""搭啥人来额上海？""跟阿拉阿爹、姆妈、丈夫。""在上海有工作伐？""呒没。""个末，阿愿意来阿拉个小店里向试试？个家照相馆就是阿拉开个，就到此地来上班阿好？只要开开发票、打打电话、倒倒茶水，侬来山个，肯定来山个。此地到侬屋里厢也蛮近来嘿，空闲个辰光可以回转去照顾照顾屋里厢个。""讲到工钿末，试上一个号头再搭侬敲定阿好？侬放心好了，阿拉决勿会让侬吃亏个。"那男子一面说，一面用大拇指指指身后。这家店铺的门脸并不十分开阔，却霓虹辉映，相当气派，一个橱窗占了一整堵的墙。亚君已好多次走过这家店铺，也曾有三、五次驻足于橱窗前看那些

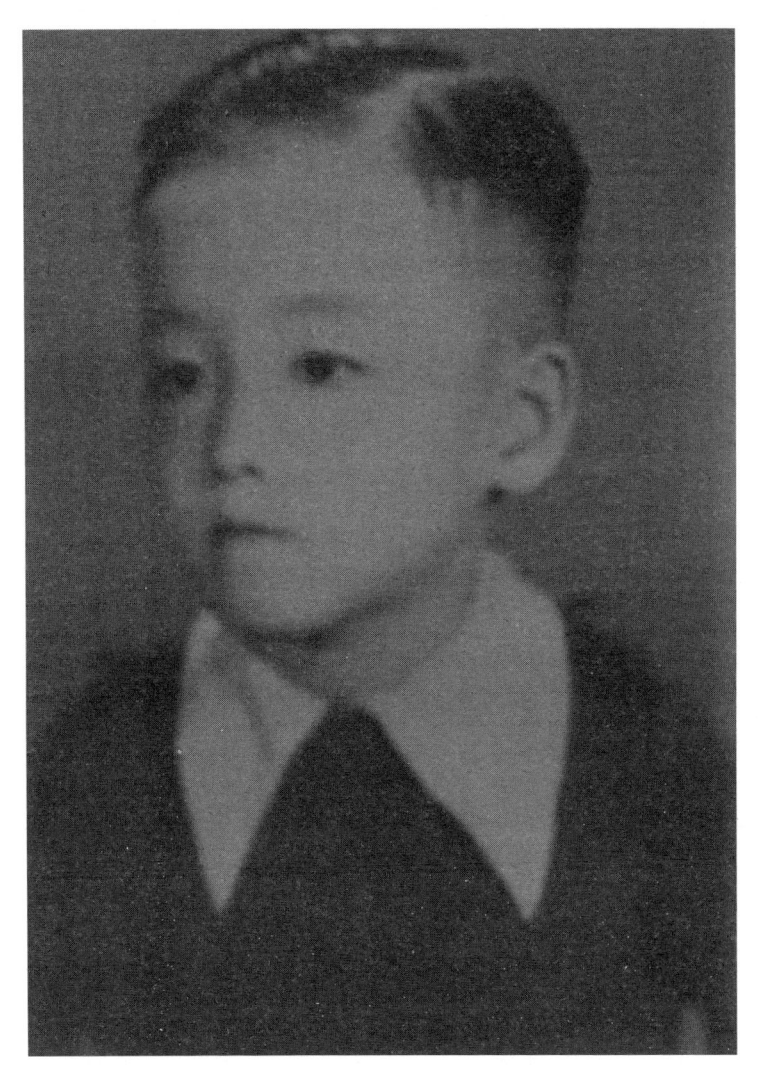

上官云珠长子张其坚童年　西歧摄于视频资料

2012年5月张其坚（左一）及其家人在张大炎故居　　西歧摄

衣着光鲜、神采奕奕的俊男靓女的大幅照片。她轻轻地念了一遍招牌上的店名"何氏照相馆"，便忙不迭"嗯嗯嗯"地应承了下来。并答应明天来试工。

　　韦亚君有了工作了，那高兴劲就甭提了，她一路蹦蹦跳跳回到家，大声说："大炎，我找到工作了！我们的好日子就要来了！"一边说，一边热吻着义夫。大炎抚着她的头发、她的后背，听着她述说刚才的巧遇，听得心花怒放。他将她抱起来，满屋子地转，嘴巴轻咬她的耳轮，轻轻说："等生活安定下来，你要给我再生几个儿子，要生一打才好。"亚君佯打他的后脑，拧他的鼻子，说："不生儿子、不生儿子，我偏生女儿、偏生女儿，我要生一打的女儿，我要把我们家变成女儿国。"是夜，夫妻俩人嬉闹了半个夜晚。

如果当年韦亚君寻着的是一个保姆、厨娘或者是百货商店售货小姐的工作，她会不会成为后来驰名上海滩的上官云珠呢？人生永远是个未知数。

照相馆里来了西施

关于上官云珠涉足电影业的缘起,有两个流传甚广的说法,这两个说法都与一个名叫张善琨的男人、一部名为《王老虎抢亲》的老电影联系在一起。传说之一:具有帮会背景、在上海影界具有说一不二权威的中联制片公司总经理张善琨,某天携女友童月娟赴何氏照相馆拍照,一眼就看中了"青春妩媚、体

张善琨与童月娟　西歧摄于视频史料

泾水河及长泾北街西街今境　西歧摄　本书作者曾在图中主景建筑对面的二楼上居住过两年

态风流"的开票员韦亚君，当下就起了淫心，于是，以利诱之，不顾其毫无演艺经验，不会说一句标准的国语，"力邀"其出演即将开拍的电影《王老虎抢亲》，轻车熟路地玩起了"先上镜，再上床"的游戏。传说之二：当年，童月娟拍的片子非常卖座，《王老虎抢亲》女一号早就定给了童月娟，可就在即将开拍的前夕，童月娟耍起了大牌，向张善琨提出了大幅提高片酬的要求，两人为此闹翻，张善琨在事急无奈的情况下，打了个电话给何氏照相馆老板何佐民，让他请韦亚君来试镜，"上海滩上会演戏的美女多的是，要多少有多少，随便找找就能找个百个千个！"意在让童月娟屈服让步。

何氏照相馆的老板何佐民原是一家影业公司的摄影师，早年在《联华画报》社担任过编辑，与上海滩演艺界关系密切，还兼办着一份娱乐杂志。何氏照相馆的摄影技艺超群、服务一流、收费不菲，是十里洋场声名赫赫、数一数二的高级照相馆，它的主顾，多为上海滩的名公巨卿、美媛富姐。

何佐民是位颇有商业头脑的文化商人，是那种长了一双"生意眼"的精明人。他自从第一眼看到韦亚君从他店前走过，就"惊为天人"，动了招她进店的念头。"眉目如画，身肢若黛"，"女十八，一朵花"，"轻如燕，影传俏"，韦亚君的气质、面目和身段皆远胜他所见过的那些用舶来化妆品粉饰出来的摩登女郎。

韦亚君初上班,何佐民就将她视作"姑奶奶"一般地"侍奉"了起来,他带着她,先去了霞飞路的时装店,为她从头到脚置办新装,买了五、六套最时尚的衣裳。亚君惊愕不已,她懵了,她弄不清楚这老板到底是什么用意,一开始坚决拒绝穿上身。何佐民笑了,笑得声若洪钟,道:"阿是当阿拉有啥坏念头?阿拉可是一位正人君子,侬放心好了,阿拉保证勿会碰侬一根头发丝。阿拉开个是全上海最高级的照相馆,店里的员工,男个要穿白衬衫、黑西装,女个要穿漂亮的旗袍裙子。'佛靠金装,人靠衣装',上海迭个地方,全是势利眼睛,衣装不好,会被人当作垃圾瘪三。"继而给她买了一整套的胭脂水粉,最后领她去烫了头发。

天下可有哪个女孩不爱漂亮时髦的衣衫?亚君穿着漂亮时髦的衣衫,对着阔大的西洋镜,旋转回看,凹是凹来凸是凸,流光溢彩,千娇百媚。看着镜中婀娜多姿的自己,她的心里是蜜一样的甜。便想:这样的老板,怕走遍全天下也找不出几个,我是多么的有福气呵,我是一只饿老虫跌到了米囤里了呢!

何佐民在不经意中,让她明白了衣裳对于一个靓丽女子的重要作用,从此以后,她就成了一个一辈子都特别喜爱衣饰的女子,精心修饰她的容颜便成了

上官家的首个租住地和首个工作地 皆距巴黎大戏院(现淮海影剧院)不远

她每天一早的功课。上海滩上有一位女作家是这样描绘上官云珠的衣橱的:"她的大衣橱里挂满了各种各样的旗袍和配旗袍用的披肩、手袋、绣花鞋和玻璃丝袜,还有自制的绷裤。绷裤上缝着一长排扣子和纽襻,用来收紧腰身,保持苗条。有时候衣服穿了一次两次还没送出去洗,在衣橱里挂着,染得橱子里也有粉饼涩涩的香气。有时候在粉饼的香气里,还浮着白兰花清澈的浓香,也许是因为在初夏的时候,她曾在旗袍的盘纽上挂过用细铅丝串起来、像扇子一样排开的白色小花。"

为了庆祝妻子有生以来第一次上班、第一次赚薪水,在小阁楼的小厨房里,张大炎和韦家姆妈特意多做了几个小菜,打了几斤黄酒,静等亚君回来。张大炎、韦亚樵特别兴奋,翁婿俩抱着小恬恬一早就候在了家门口,踮着望,侧头看。晚霞满天的时候,终于迎回了一路哼着《夜上海》《不夜城》、挎着小坤包、穿着新旗袍、烫了时髦新卷发的美少妇。在新旗袍的包裹下,亚君是愈发的妩媚动人了。张大炎一看妻子这头脸、这行头、这姿态,心就突地沉了下去,一下沉到了悬崖的最低处,脸色一下子难看了。亚君迈着轻盈的步伐正欲步上门槛,却惹火了抱着外孙的她的老爹韦亚樵。这老古董一言不发,一伸手就给了女儿一记响亮的耳光。韦亚君的脸,瞬时就红肿了起来,眼泪夺眶而出,愕然道:"阿爹,你,你,你怎么可以不分青红皂白就打人……你,你,你当女儿是那样的人么?女儿会是那样的人么?!"待她说了一遍事情的经过,韦亚樵才闷声无语。张大炎却还是担心,讪讪道:"你这一身行头,要多少钱?我们吃饭都吃不起呀!一个照相馆,派头这样大,一年能赚多少钱啊?"

张大炎想,自己也是出身于富贵人家的人,也在常州城、苏州城见识过不少奢华的人和事,但那些奢华,哪比得上这几套时尚衣裳的奢华?!天哪!别忘了,这可是她上班第一天发生的事啊!这一惊一乍的事儿,怕以后会层出不穷、没完没了……美貌的女子,哪个不爱穿戴、哪个不爱打扮、哪个不爱奢华?哪个不慕虚荣?对美貌的女子,哪个男子不爱慕?哪个没有染指的念头?她那老板,无疑是别有所图!这话虽然没说出口,但张大炎心里却在千百遍地敲鼓折腾。

　　因为脸肿着，韦亚君第二天上班，就用自己编织的围巾蒙了脸。何佐民见了，心里虽然很恼火，面上却不动声色，只轻描淡写地问了几句，就让她回家去了，关照她消了肿以后再来上班，什么时候再看不出挨打的痕迹来了，就什么时候回店。看她刚要跨出门槛，何老板略有所思，追出来，对她说："看来，我的确需要与你先生好好谈一谈，如果不谈，你是没法再到我这里来上班的。就今天吧，让他晚上去格陵兰咖啡厅等我。"何佐民以为，她那脸，是被她丈夫打肿的。"何老板，你这是什么意思？"韦亚君的眼睛里已有了泪，"我不能没有这份工作的，我好不容易才有了这份工作。何老板，相信我，我会好好干，我什么都会做得好好的。"何佐民看着韦亚君的眉脸，楚楚可怜，暗想：难怪她先生会对她不放心，如果我是她的先生呀，怎舍得、怎放心她出来抛头露面？无论如何，也要将她养在家里，雇两个使唤丫头服侍着、跟着、看着，不让任何陌生的男人有任何的机会接近她。她真的长得太好看了，为她先生想想，也正是难为了他。

　　两人正说着话，近处飘来几声汽车鸣笛声，三辆黑色的轿车"嘎嘎嘎"一辆跟着一辆停了下来，分别走下穿着白色制服的三位司机，三位司机以整齐划

上官云珠故乡江阴长泾街头的宣传画　西歧摄

一的动作钻出来，绕过去，打开车门，迎出三位漂亮的年轻女子，鞠躬引送她们进店。三位小姐一口京腔："何老板好，今儿个我们又来作成你生意啦。"韦亚君抬眼看去，是三位身材高挑、身姿婀娜、衣着华美、举止骄傲的美少女，身上的香水味老远就飘过来了。小姐们走过来，有一个小姐细看着亚君颈上的围巾，惊叹地问："咦，这围巾怎么这么好看，哪买的呢？""何老板，这位小姐可从来没有见到过呢，是哪位大老板家的千金？"三个人都来抚摸韦亚君的围巾，一边抚摸，一边赞声啧啧。何佐民道："她叫韦亚君，小名小弟，刚从江阴乡下逃难来上海，是我新招收的开票员。……"还没等何佐民介绍完，那三位女子已抽回抚摸着那条围巾的手，勾肩搭背拥着何佐民往摄影室走去，其中一位一面走一面丢下一句嘀咕："原来是个乡下土老帽儿啊，脸蛋儿倒是长得不错，可惜了呢。"韦亚君听了，心口一紧，暗想，乡下土老帽儿怎么啦？！乡下土老帽儿手织的围巾不也引得你们喜欢得不行吗？！也许有朝一日我会比你们更风光也说不定哩！

梧桐引来金凤凰

张大炎自去格陵兰咖啡厅与何佐民聊了半宿，那悬在半空中的对妻子的担心，就基本放了下来。何佐民承诺，他会像对待自家亲妹子一般照顾亚君，决不会让她受任何委屈，也不会让任何人侵犯。何佐民还取出纸笔，写下了"如若韦亚君在店中遭遇任何羞辱，唯我何佐民是问，我何佐民甘愿赔偿黄金十两，立此凭据，永不反悔。"并咬破手指，在上面按了个血手印。听君一席话，胜读十年书，观其言，察其行，张大炎佩服何佐民的精明能干、多才多艺、爽直潇洒，更叹服他一掷千金的豪迈，他认定何佐民是一个不折不扣的正人君子，是可以绝对信任的人。张大炎回到家，对妻子的态度就有了一百八十度的转变，一面与妻子温存缠绵，一面关照"要对何老板知恩图报"。第二天一早起来，张大炎还翻箱倒柜，寻出了十几幅家传的藏画和自己的几幅得意之作，让妻子抽空去裱画店里裱好。他准备送几幅给何老板，以表达自己的感激之意。

韦亚君在店里的岗位，名义上是开票员，但做得最多的却是接待员的工作。客人光临，她要为他们调制咖啡、端茶奉水、接打电话。她是一个贤淑勤快的少妇，笑靥如春景，轻语似春风，每天躬躬敬敬迎送客人，还主动为女客整理仪容。生意少时，她将店堂打扫一清，迎街摆放照片的玻璃橱窗，她总是擦得一尘不染。自从那天三位女子夸说她的围巾好看，她就上了心。回到家里，她就用旧的绒线配色，设计新花样，并让学美术的老公做参谋，一个礼拜竟编就

上官云珠铜像瞻仰仪式资料照片

了红、黄、蓝、绿、白、紫、黑七条新围巾。她兴奋地说,拿这些围巾放在店堂里,送给经常来店的女客,相信生意会越来越好。张大炎很赞成她的做法,说滴水之恩,涌泉相报,是做人的根本。

果然如此,女客们戴上她编的围巾,多数会左摆右摆多拍几张照片,而且会来得更勤。她们纷纷称赞她的手艺,纷纷回馈她们的签名靓照。何佐民对亚君的这一份心意自然感激在心,吩咐她,店里生意空闲的时候,完全可以在店堂里织,不要光织女式的,也要织点男式的,女子爱美,男子亦爱。韦亚君看老板的心情非常的好,就问他那天坐着轿车来拍照的那三位女子都是谁。何佐民告诉她是谁谁谁,韦亚君听了,心"卟卟卟"狂跳,原来都是红透天的大明星啊,怪不得会看不起我这个乡下人。

亚君在照相馆工作,午餐是在店里吃的。她见店里的午餐都靠大饭店送来的外卖解决,那菜肴做得既粗糙,又不新鲜,还油腻难咽,与自己家里的可口小菜实在不能比,就自告奋勇地对何老板说,由她来买菜做饭,保证好吃。那天中午,她试着做了几个家常菜,一清二白,色香俱全,端上桌,请何佐民尝。何佐民拿起筷子,一尝就大呼好吃,赞不绝口。其他店员也一起享用了这顿中午饭，个个都说口味清爽，比饭店里的烧得好。何佐民让她报一下账，一算菜价，竟比送来的外卖便宜五成还多。连声说："好手艺，好手艺！"

因为这些事，何佐民在内心里是真的喜欢韦亚君。他在与朋友们聊天时，就常常情不自禁夸奖她，说她织的围巾花样好，寻常的绒线到了她手里，就是一幅锦绣图。又说她做的家常小菜好吃又省钱，谁做了她的丈夫，真是前生三世修的福。还说她的记性好，能一个不差地记牢每个回头客的姓名和职业。何老板的朋友，都是些吃遍上海滩的"大吃货"，听了何老板将韦亚君夸的像个何仙姑下凡一般，便纷纷愿意慷慨解囊，轮流做东，请亚君抽空烧菜，让这些上海滩上的老饕。煞煞馋瘾。如此一来，何老板的这些朋友，就隔三岔四、牵五带六常常来店聚餐。一时间的何氏照相馆，倒不再像是专门拍照的地盘了，俨然变成了一家高级餐馆，天天高朋满座。不消说，照相馆的生意当然是旺上加旺。这时的何佐民，当然也十分开心！

何佐民对韦亚君的回报，就是亲自在摄影棚里掌机，为亚君拍了好多时尚背景的照片，并将其中最美的几张，放成最大的尺寸，轮番展示在玻璃橱窗里。

要知道，这是1938年，照相放大技术还只是在大都市里的大相馆里出现，成本昂贵到令人咋舌。能将自己的玉照放大到最大的尺寸，并且陈列在宽大明净的街面橱窗里，是多少摩登的海派少女梦想百回千回都难以实现的梦想。

自从橱窗里有了自己放大的照片，韦亚君发现，何氏照相馆外面，每天就多了一拨一拨停步观看的人。许多人为了一睹她的真人真容，不免就自觉不自觉地步入店里来，而

上官云珠被誉为旧上海十大红颜之一

进了店，又不免会拍些照来掩饰进店的真正动机，而出了店，大家又都说"比照片上更好看"。到了晚上，照相馆关门了，橱窗里依旧是灯火明亮，韦亚君的玉照，依旧光彩迷人，几乎成了每个过路人的注视方向。她的美貌，成了人们茶余饭后的一道新闻佐料。

进照相馆的客人，大多是有身份的人，明知这位开票的小姐就是橱窗里的西施，却也并不轻看她，男的彬彬有礼，女的客客气气。在韦亚君的面前，他们最喜欢讲的话题，就是上海滩的各种八卦新闻，尤其是高官名人、上层男女间的那些新鲜笑话，常常令亚君听得笑弯了腰、羞红了脸。她的笑，她的羞，是客人们的最爱。有些客人高兴了，临走时还常常要塞给韦亚君一叠小费。她将收到的这些小费交给何老板。何老板大笑，说："给谁的就是谁的，怎么来给我？有钱人给小费，这是上海滩上的规矩，你拿着好了，拿回去给孩子买些好吃的。"韦亚君也笑，道："小女子爱财，不贪财。呵呵，我老怕东家说我是个贪财女人。"

乡间小镇上长大的韦亚君，从小看草台班的锡剧演出。锡剧流行于江苏的无锡、苏州、江阴、常熟一带，名角儿就是乡村小姑娘的梦中情人。锡剧俗称"滩簧"，剧目基本上都是些庸俗的民间传说与爱情传奇，谚云，"滩簧，滩簧，摊开来就黄"，颇受农村大众的喜爱。韦亚君喜欢看戏，电影却看的很少，乡间无影院。到了上海，局面就不一样了，只要你有闲又有钱，外国片中国片，各家电影院都欢迎你去看。何氏照相馆的名声在上海滩上响当当，当红明星一有新片新戏，就会送几张给何老板。很多时候，何佐民和他的助手在夜间要忙着洗片，没空光临戏场影院，就将这些赠票送给了韦亚君。于是，她和她的丈夫、大哥、大姐，就经常有机会一起欢欢喜喜看免费电影，成了时尚界的常客。

何佐民是个文雅老板，很喜欢看书，店里大量的报纸、杂志和书籍，是他职业资讯资料的一种来源通道，也是他空余时间的一种享乐消遣。韦亚君非常喜欢看那些画报。那些画报，都是最新出版的娱乐杂志，印刷精美，时尚前卫。有日本的、美国的、英国的、法国的，域外的风景、炫目的色彩、潮流顶上的风流人物，为韦亚君打开了一扇进入艺术殿堂的窗户。同时，她也喜欢读五四以来的白话小说和散文，开明书局印行的鲁迅、胡适、曹禺、梁实秋、周作人、徐志摩、张恨水的小开本著作，她也读了不少。国外如大仲马、托尔斯泰、雨果、狄更斯的小说，她也读得如醉如痴。一度，她春闺的梦想，也就是小说风景中的人物，她梦想做一个自由自在的时代新女性。

在照相馆上班刚满一个月，何佐民就与她定了月薪。这笔月工资，在上海滩上的女店员中，算是高得离谱了，但何老板认为值。当年，当代最负盛名的篮球名将姚明的祖父姚长兴，也是从吴江乡下的震泽刚刚到了上海，当时姚长兴是个目不识丁的乡下人，身高一米八十以上，被乡下人讥讽为穿衣浪费布料、挑担浪费绳索的"长脚螳螂"，但他偶然路过淮海路上的"金星钢笔店"时，被慧眼识货的老板看中，作为店里的店员招募，成为金星钢笔店的活招牌。每个路过这家钢笔店的年轻人，都要看一看这个钢笔店里的高个子店员，无形之中增加了金星钢笔的销量。如果说韦亚君是靠了她的天赋美色和聪明伶俐，在上海滩这个名利场小有斩获的话，那么，姚长兴到上海捧上了金饭碗，就完全靠的是爹娘给的超长的身高。照相馆靠亭亭玉立的美女引客，钢笔店靠立得笔挺的高个引客，这种方式，是早年上海滩上店家最喜采用的广告方式。

言归正传，韦亚君暗中窃喜，她现在的工资加小费，竟比她哥哥、姐姐、丈夫三个人辛苦教书的全部收入还多了三倍，她好不开心！有时，她就想，我这是在人间天堂里上班呢，干活不累，挣钱不少，想着想着，就甜甜的笑。她的莞尔一笑，那些顾客就凑过来，说她的笑容就像是蜂蜜调出来的，就想请她与他们一起合个影。她却很矜持地说："不行的，不行的，何老板定的规矩，不经过他的同意，店员是不准与客人合影的。要合，得与老板说去，老板同意，我也同意。"不准她与客人合影，是何佐民与张大炎的共同约定，是保护韦亚君不受侵犯的一项措施，也是何佐民吊顾客胃口的一个招式。何佐民信守承诺，一次也没有同意韦亚君与客人合影。

行得春风有夏雨。照相馆算不上是风月场所，也不是娱乐圈。但它是通往

四十年代沪上电影"袖珍小生"顾也鲁　西歧摄于电影资料

娱乐圈的摆渡码头。一来二去，韦亚君就与不少男星、女星、编剧、导演、摄影师相熟了起来。有时候，小小的照相馆就是男女演员试镜头的地方了，有的导演还在那儿走机位、说台词、讨论动作表情。韦亚君从看热闹开始，到后来专心致志揣摩演员的一笑一颦，继而像中了魔法心旌荡漾地在家中学习演练，于云淡风轻中完成了她在事业向往、艺术追求上的潜移默化。她渐渐觉得，演戏并不是一件高不可攀的难事。

这样一种朦胧的感觉，某一天终于为一位著名的男影星触发。一个夏天，何氏店里来了一位个子不高头发自然卷曲的男子，韦亚君为他泡了一杯香茗，与他攀谈起来。原来此人是个常熟人，名叫顾也鲁，是个已演了好几部电影、在上海滩上与奶油小生舒适齐名的男明星。说起这常熟城，与江阴只隔了一座顾山，两个人原来是很近很近的乡邻。韦亚君的老家长泾镇，离常熟的王庄镇只有一箭之遥，镇尾望得见镇尾。亚君每次乘船往苏州、上海，都要经过王庄。当时红遍上海滩的金嗓子周璇，就是从常熟领养到上海明月歌舞团后出名的。所以，在照相馆里头一次碰到一个常熟籍的男明星，就像遇到了江阴老乡一般开心。面对初次见面的准老乡，她就问他："你看，我能不能演电影？"顾也鲁笑了笑,道:"只要懂得表演、会说国语、有舞台经验,就行。"韦亚君听了,像吃了一枚定心丸。又怯怯地说:"以后我去演戏,你要帮衬我,提醒我呀,我当你是老大哥呀。"顾也鲁点点头。

又是一天,韦亚君看见一位当红女明星到店里拍试妆照,趁她在化妆间休息,便泡了一杯清咖啡送过去,闲聊中,亚君悄悄问她,演一部电影,能挣多少钱?那女星一副嗲劲,操一口标准国语说:"这要看票房收入。"亚君对"票房"一点也没有概念,那明星就告诉她:"票房就是电影拍好后,在全国各个电影院放映之后卖票的收入。票房收入多,主要演员的分成就多。票房收入低,甚至亏本,那就收入低了,演员也跌名气了。当然,有了票房,演员能分多少钱,还要看各人的名气是否响亮。"说到这里,那女明星陡然提高了声波,半是夸耀半是表白地说:"像我嘛,就算不是头牌演员,也算上一线的角儿了,一年挣它个十五根小黄鱼,总是有的。不然的话,叫我怎么在上海滩上混呢?"

"什么?十五根小黄鱼?一年可以挣这么多?"亚君心里一阵打鼓。要知道,所谓的"小黄鱼"就是金条的俗称。这个"小黄鱼"是民间钱庄的一种称量方法,一根小黄鱼有筷子粗细,大约是旧制的一两左右。民间还有比"小黄鱼"更轻的金条,只有牙签条那么粗细,俗称"金蚱蜢",约重五六钱左右。当

上官云珠(右二)少女时代与老师们在家乡泾水河里游泳

年横行阳澄湖的土匪头子胡肇汉,他腰里总是揣着几只"金蚱蜢"。到了深夜,胡肇汉驾小船流窜到湖中小岛借宿,给了房东姑娘一只"小蚱蜢",作一夜欢娱之资。到了清晨薄雾散尽之时,胡肇汉起了床,便将一粒毒药塞给姑娘嘴里,将姑娘毒死。之后,他从枕头底下抢回那只"金蚱蜢"。胡肇汉为何不用子弹结束姑娘性命,而用毒药?一则是怕打草惊蛇,二则是因子弹金贵,一发子弹在乱世之中也要一块大洋,他要留着防身。十五根小黄鱼?那是什么概念呀!它可以顶下上海静安寺附近三进三下的石库门小洋房。想到这里,韦亚君脱口而出:"我也要演电影!"女明星听她这么一句话,倒被她的天真无邪吓了一跳,接着就是银铃似的笑声响成一串,直笑得身子一耸一耸,斜睨着眸子看着她,说道:"你想靠演戏发财?光有一副俏模样就能演电影?笑死人了。你能讲一口标准的国语么?你懂什么是表演么?懂什么是艺术么?"韦亚君并不为自己有大胆的想法而不好意思,微笑着说:"不会可以学会,总要去试试的。"

那女明星对于亚君的争辩,颇是不屑,兀地立起身,挺胸,抬脚径往影棚走去。临走,将亚君送她的围巾,以极其轻蔑的姿态随手扔在椅子上。这位女星,内心里是强烈地嫉妒着她的美貌,在她的潜意识里,已经感觉到了这一位小开票员是马上要来演艺圈与自己一别苗头了,她意识到自己十有八九会成为对手的手下败将。

由于何氏照相馆进进出出的客人,不是追赶时髦的富商名媛,就是流光

上官云珠生活照

溢彩的影剧明星，她们茶余饭后的笑谈，便成了上海滩上小报记者追逐新闻轶事的源泉。再加上韦亚君有"照相馆里出西施"的美誉已名声在外，她这一句"我也要演电影！"的表白，便成了女明星口中轻佻的讽语，没出三天，就不胫而走，传遍了影圈和周边街市，不少人专程赶到何氏照相馆，要一睹未来女明星的芳颜。更有一些油腔滑调的三流演员，跑过来牵着韦亚君的手，说要与她共演"情色对手戏"。不少女人跑到照相馆，也不拍照，也不取照，只是走到开票柜台前，嘻嘻哈哈盯着韦亚君的面孔看。何佐民笑逐颜开，一点也不恼怒这么多人寻到何氏照相馆，这是不出钱的广告资源，他巴不得店里天天人流如潮呢。

不过，在他的想法里，对韦亚君能否演戏，还是有点怀疑的。他的想法是：千里马常有，而伯乐不常有。要出名，最重要的是机会。机会是幸运女神，她能否降临到亚君的身上呢？这谁也说不准，也许这仅仅是一场白日梦罢了。

一只青涩而倔强的"丑小鸭"，就因这脱口而出的"我也要演电影！"遭到了嘲讽和奚落。但韦亚君却慢慢滋生了一个想法，并且越来越坚定，这就是："我这一生，就吃定演戏这碗饭了！"

电影梦

"我也要演电影！"这句话一说出口，就招致了人们的热议，被当作天方夜谭一样地传说。韦亚君心里也明白，世上的事情，有的只能嘴上说说，不能有所行动的。而可以做的事，却是不能说出来的，只能是默默地在黑暗中摸索。尤其是八字还没有一撇的事情，过早地说出来，就是华而不实，就是好高骛远，就是夸夸其谈，就是举止轻浮，只会惹人笑话，只会招来阻碍。她告诉自己，在以后的日子里，言语上必须小心再小心。

老板何佐民对于电影圈里的黑幕是心知肚明的，他本身曾是这个圈子里的人，名利场的灰色和黑色、阴谋和诡计、明争与暗斗，使多少人掉入了深不见底的陷阱，甚至搭上了性命。当然这些道理在圈内可以讲讲，但对局外人好比是对牛弹琴。圈外人看电影圈，看到的只有光环、欢喜和美色，看完电影恍如做了一场春梦，绝对不相信那圈子里其实是充满着黑暗、龌龊、寒冷与凶险的场景。多少涉世不深又爱慕虚荣的年轻女性，因这电影梦而堕落颓废，毁了一生。他以过来人的身份对亚君说："你出身那么清白，人又这么清纯，已为人妻、已为人母，电影这趟浑水你淌不来的。在电影圈里，什么乌七八糟的事情都有，你也天天看报纸杂志，报纸杂志上，哪一天没有娱乐圈的绯闻？你能说说有哪个女星没有绯闻？如果你走上了这条路，我敢断定，丈夫一定是保不牢的，你家大炎那么爱你，你也那么爱他，你一定舍不得。"又说："各人有各人的想法，也有各人的活法，作为朋友，我一定会尊重、支持你的选择。如果你真想演电影，我可以帮你一把，你知道我在电影圈里很熟，每个人的性格脾气都知道，都是多年的老朋友。若真想去演电影，你先得把国语说好，苏南地界属于吴语区，吴语区里的人，舌头转不过弯，要练出一口京片子来，没有三年五年的苦练，根本不可能。"何佐民这样说，是藏着他的私心的。韦亚君是店里的一棵摇钱树，他哪愿意让她离开啊！她离开了，又去哪儿找与她一样可人的？！

韦亚君爸爸妈妈听说女儿想演电影，是一百个不高兴，就唠唠叨叨数落："死丫头，吃错药了？疯了吗？何老板给的这一只金饭碗，既体面，又稳当，你还想另攀高枝？你以为演戏就是遍地黄金？戏子无情婊子无义，你知不知道廉耻啊？开口闭口说要演电影，你想把张、韦两家的颜面全丢光么？！你想让你的儿子一生一世都抬不起头来么？我们丑话说在前头，你若真的要走这条路，我们与你一刀两断，张家祖宗不会认你，韦家祖宗也不会认你，你看着办！"

丈夫张大炎的反应更是汹涌激烈，他没说一句话，三天没说一句话，只是

甜笑着的上官云珠　　　　　　　　忧郁中的上官云珠

喜从天降的上官云珠 　　　　　　　悲从中来的上官云珠

志满意得的上官云珠 　　　　　　　忧心忡忡的上官云珠

抱紧了儿子张其坚，面无表情地怅怅看天，饭也不来吃、觉也不来睡，将骇人惊雷藏匿于密密浓云之中，无声胜有声。韦亚君熟知丈夫的个性，眼下，唯一的方法就是要先稳住他，解开他的心结，以后的工作可以慢慢来做。于是，她含着泪，和他并排坐在床头，反反复复地解释，说自己说的"演电影"的话，那不过是"一时迷了心窍、随口说说而已，当不得真的"。说这话时，她婉转而轻柔，尽量低声下气。张大炎听了她半天的话语，却始终不起一点回应。这使她有点意外，声音就提高了八度："咳，什么男子汉大丈夫，你难道竟连芥子大的肚量也没有么？你难道就不能原谅妻子在无意中说错的一句话么？自从进了何氏照相馆，你有多少次在街角偷偷盯我梢，你当我不知道么？你就这样不相信你最亲密的人么？我多少次质问你为什么要来偷偷监视我，你多少次都说是我看错了人，你以为我韦亚君是个傻子么？你又多少次在我面前啰嗦'照相馆的客人中会有不少交际花、白相人，还有妓女、牛郎，千万千万别学坏。'夫妻是彼此尊重彼此包容，不是相互猜疑相互管束。现在，我只要你的一声低哼而已，你干吗要这样折磨人！你可以骂我、可以打我，但你不能这样折磨我！演戏就是做妓女吗？如果演戏就是做妓女的话，大家干吗还上戏馆乐此不疲去看？演戏就是做妓女，这是什么逻辑？这是谁家的道理？没念过书的平头百姓这么看倒也罢了，你张大炎读了那么多年的书、学了那么多年的西洋画也是这么看的么？西洋画里头最多的是脱得一丝不挂的男女，哪又算什么呢？难道也是诲淫诲盗的下流画吗？！大炎，我等了你三天三夜，陪你不吃不睡三天三夜，好话说尽，涎水嚼净，你却泥塑木雕视我无睹！你越是这样，我就越是铁了心要吃电影饭、铁定要做一个比谁都红的大红星！这都是你逼的，是你逼的。"张大炎本想以冷战的态度来彻底扼杀韦亚君的涉影念头，不料，物极必反，结果，反而是强化了妻子的抗争心理。这个书呆子，他忘记了他的妻子，原本就是一位具有强烈叛逆倾向的卓尔不群、独立特行的先锋女子。

相对而言，亚君哥哥、姐姐的思想要开通得多，他们心里也是反对着小妹去当电影演员的，但他们尊重小妹的选择，他们见劝说无效，便采取了顺其自然的态度，道："小妹，这可是你自己作出的选择，以后是好是歹，都得自己去承受。"这些通达的人情，稍稍给了韦亚君一丝安慰。

"我也要演电影！"这句话说出了口，带来了那么多的风波，反倒使韦亚君对自己人生命运的把握有了更加清晰、更加坚定的想法。她仿佛一下子变成了另外一个人，由青涩变为成熟、由贪玩变为好学、由好动变为沉稳。虽然在外表上看来，她还是那样的笑靥如花、无忧无虑。在以后一年多的时间里，她没有在人前再提"演电影"这三个字，却在背底里一刻不停地学练着京腔、揣摩着银幕与舞台表演，到后来，转念一个苦，面容就如霜打的荷叶；心底说声悲，眼泪就涮涮往下流。至此，一代巨星已经站在幕布的后面蓄势待发了。

平地起风波

1940年4月即将结束的那一天,是个礼拜天。花圃中的碧桃,开得满树艳丽,仲春的阳光,一派明丽。儿子已经5岁了,小小的身子已会在石库门弄堂间奔来奔去,妻子在何氏照相馆已做满了一年半,做得本本分分、安安心心,自己在中学里教书也赢得了同事、学生的一体好评,最开心的是,最近创作的一些油画,得到了圈内师友的一致称赞,认为已经达到了一个相当高的层次,好些作品还卖得了很高的价钱。回顾来上海之后的这些日子,结束了颠沛流离的流浪日子,生活很快就安定了下来,总体而言,什么都顺意舒心,只一点有点儿耿耿于怀,这就是,妻子一直拖延着不肯再要一个孩子,她老是说,等家里再富裕了一些,过了24岁吧,就做一个全职太太,和他生一大群的孩子。张大炎屈指盘算,最多再花两年的时间,自己的画艺必会更上一层楼,到那时,就可以辞了教职做一位专业画家,然后,在沪上买一座花园洋房,让妻儿老小搬离小阁楼,不再看房东的脸色。成了名画家,还怕日子受穷么?还需要爱妻抛头露面出去赚铜板么?啊,多么美妙的春天啊,未来的日子是铺满了阳光。

前一阵子,韦亚君买回了一辆英国三枪牌脚踏车,已经练了好几个黄昏。妻子说,在这一个星期天,无论如何非得将她教会。他知道,他的妻子聪颖之极,脑子灵光,动手能力也强,前几个黄昏的教练,其实已初步教会了她。他只是没有让她知道,他已多次放开了书包架了,她现在所欠缺的,只是上车和

快乐中的上官云珠

下车技术还没很好地掌握要领罢了，用今天一天的功夫，绝对能够令她独行如飞。两个人，一个用心教，一个潜心学，教学累了，张大炎就让妻子抱了儿子坐上后座，自己悬着身，使劲蹬，踩得车轮闪闪，人影绰绰，在那大街小巷间风驰电掣地飙车，一路洒下一串串娇嗔的惊叫声和欢笑声。邻家与路人看着，一个个竖起大拇指啧啧称赞，夸说他们是一对天造地设的好夫妻。

张大炎只看到了风和日丽、花好月圆，他忘记了"韦家犟脾气"，他以为妻子已经断绝了拍电影的念头，他沉浸于温馨的人间烟火味里陶醉不已，他哪里知道，他唱着的是一支只属于他自己的歌子，不过是一厢情愿的自说自话而已。他做梦也没有想到，今天，就是今天晚上，他与妻子之间，即将爆发一场硝烟弥漫的战争，在这场战争里，他将成为一个永远的战败者。

教练了一整天的脚踏车，两个人都很疲累，也很兴奋，晚餐上，韦亚君提议"大家都来喝点酒,祝贺祝贺亚君我终于学会了脚踏车。"她说:"独自踏着脚踏车,就跟皇后一样美!"一家人你一杯我一盏,千杯万盏也不够。餐后,亚君收拾了碗盏,催张大炎沐了浴,便开始洗涤衣衫。张大炎见了,凑过来说:"今天大家都出了几身汗,光你就换了五身,衣服多,我来帮你,我们一道来洗。"亚君笑骂道:"哪有一个大男人来做这种女人活的,这事要是让你奶奶和姆妈知道了,还不把我关进祠堂罚我吃家法?"妻子这样说了,张大炎就只好坐在一旁看。喝得酡红的脸是如此的娇羞、搓洗着衣服的身姿是如此的婀娜。大炎一边看,就一边想:此生此世还真是没有白活,娶了她算是娶对了人了,这是一个万里难挑一的好妻子啊。想着想着,他竟将自己想像做了旧时的皇帝了,一团笑意便由心海里冉冉升起,不断上升,不断化开,直至每一个毛孔。

张大炎有一个习惯,睡前总要捧一本书读一会,不然难以入眠。也许是学会骑车后内心兴奋的缘故,也是因为酒精的作用,妻子一上了床,就将他手中的书本夺过放到了枕头底下,噘着小嘴看他,看了好一会,一伸手,就为他解起了纽扣。解开后,她就侧头贴在他的胸膛上,看着他的眼睛在她身子上画圆圈、画三角形。女人之美,最美是眼睛。亚君的眼睛像极了波斯猫的,水盈盈,亮晶晶,弯弯的像一枚柠檬色的新月。她的头发很秀长,很柔软,黑缎子一般光滑,腊梅花似的芬芳。她的脖颈细长,肩膀浑圆,胸乳挺拔,脐眼小巧,肌肤白玉一样细腻而温润……是最适宜入画的极品女子的胴体。张大炎好几张秘不示人的人体素描,就是亚君的形象,这是张大炎自认的最杰出的得意之作,这是上天赐予他的万金也不易的绝世珍宝。灯影迷离,四目相对,两人爱意绵绵,共享夫妻乐事。

完后,亚君亲热地说:"大炎,我有个想法……"张大炎随口应了声"嗯"。亚君道:"人生有两种活法,一种喜欢安稳,一种喜欢飞扬,我觉得,你们老张家喜欢的是后一种。"张大炎道:"如果我们老张家一味只求安稳的话,就不可能成为地方上的名门望族,不可能连续几代都兴旺发达,不可能送大炯、大烈、大煜他们出洋。"亚君道:"人总要有点理想有点抱负,尤其是在如今的乱世之中。大炎，我也不喜欢安稳，喜欢搏一搏。大炎，你要支持我。我要辞职去戏剧学校学戏去……"张大炎已有点迷迷糊糊入睡，又随口"嗯嗯"了几声。亚君以为张大炎已经松了口，就放大了胆子道："有好几位电影厂的老板、导演都答应了我，隔一阵子就让我去拍电影，大炎，我的好老公，我知道你一定会理解我、支持我、满足我的心愿的。你尽管放心，放一千个心一万个心，我决不会学坏，我会管好我自己，会与你恩恩爱爱白头到老……"一听"拍电影"这三个字，张大炎的睡意顿时就被赶去九霄云外，火气"嚯"地被点燃，"嗖"的一声窜上了屋顶。她一直将我当着傻瓜呢！她竟从来就没有放弃拍电影的邪魔念头！她事前不跟我打一声招呼就辞了职！她的眼睛里早就没有了我了！她明天就要上戏剧学校去，证明她已是吃了秤砣铁了心了！她还有多少丑事瞒着我啊！多少次看见她与一帮油头粉面的男人打情骂俏，只以为是生意场上的应酬，原来却是在做着勾三搭四的勾当！怪不得今天她会这么骚、这么浪，原来都是野男人教的啊！我早就被戴上了绿帽子了啊！我还如何有脸站在三尺讲台上为人师表！可恶的女人，多么可恶的女人！龌龊的烂货，多么龌龊的烂货！我糊涂啊！我瞎了眼啊！我怎就那么相信她啊！这样的女人难道还能当她宝么！电

上官云珠从影引路人之一顾也鲁的银幕形象

光火石间，他这样想着，借着酒劲，使力一挺身，就将韦亚君猛地掀下了床，掀到了地上。他如一头被激怒了的豹子，猛扑过去，像扑向一只软绵无力的绵羊，骑在亚君的身上，一只手揪住她的头发狠狠扯，一只手劈头盖脸搧她脸，一边打一边吼，咬牙切齿骂她是"千人操的烂货！"将他心中所想的，不问有没有事实根据，一股脑儿都骂了出来。

这边厢大吵大闹，早惊动了芦苇泥墙那边的韦氏两老，两老在墙头那边劝了几声，却反被盛怒中张大炎口不择言带骂，恶言恶语噎得两老张口结舌，不敢过来劝架。

亚君做梦都没有想到，张大炎会震怒到这样一种程度，全然不顾往日的温存恩爱，一改平素的温良斯文，凶神恶煞一般没轻没重地拳脚相加。可怜自己，一时竟没有办法找出一句可以争辩、解释和抗争的话来。她忍着痛，默默地安慰自己：这只是他一时的肝火发作，他只是被晚餐上的酒精害的，是失心疯，不必与他较真，他不会轻易地放弃这段婚姻，他应当记得，两个人的结合，曾经经历了多少的艰难险阻。

当张大炎写了休书扔到她的脚下并抱起儿子摔门而去时，她才清醒过来，她的恩爱夫妻生活，从此结束了。她太了解张大炎这个人了，他是一个不问后果、一意孤行、死要面子、死不悔过的人。他走了，就很难再回头，即便你在他的脚下长跪不起，他也不会看你一眼，你用一万条牛去拖他，他亦绝不会回头。完了，完了，我们的婚姻就这样完了，彻底完了。此刻，韦亚君的心在滴血，浑身冰冷，毫无知觉，直到母亲把她从地上搀起来，扶到床上躺下。

韦氏两老跌跌撞撞追出去，拖住张大炎的衣角，问："你抱着孩子要去哪里？"张大炎大手一甩，将两个瘦老甩得连退数步，险些跌倒在路边，只听他大吼："你们有什么资格管我到哪里？！天下之大，我哪里不能去！我就是要到你们谁也找不着的地方去！"张大炎边走边恶狠狠的咒骂："我的爱妻，在霞飞路上，被日本人的军车轧死了！轧得脑袋要用铁铲铲起来！"张大炎的这一句恶咒，没有落到韦亚君的头上。后来却落到了上官云珠与第二任丈夫姚克所生的女儿姚耀的头上。35年后,31岁的未婚姑娘姚耀,下雨天骑了自行车,路过上海南京西路,被一辆急转弯的卡车挂着了雨披,跌倒在车轮底下,"轧得脑袋要用铁铲铲起来!"

这个晚上,亚君先是仙境般的享受快乐,继而是地狱般的遭遇暴虐。她目睹着张大炎摔门而出,心如刀绞,欲想挽救,却无计可施,只好默默地蜷缩在角落里心烦意乱地掩面抽泣。

爱的独白

4月末的气温，白天已经是相当的温暖了，但到了晚上，夜露、夜霜却还丝丝的向外倾吐着冬季的记忆，张大炎一怒之下摔门而出，没有穿上足够的衣服，此刻就感到了一阵阵的寒冷。背在背上的张其坚不停地哭、不停地喊，一声声，哭喊着"我要姆妈！我要姆妈！""我要外公外婆！我要外公外婆！"

又是宵禁日，街头没亮路灯，居民屋里的窗户也用厚厚的布帘挡着，不让漏出一丝一缕光。街巷间的穿弄风如一把把的剪刀，道路两旁的建筑物如一个个的鬼魅。黑灯瞎火里，他不知已走过了几条街、穿过了几条巷，他不知身在何处，又要去往何方。远远近近忽而响起数声警笛声，偶然还有冷枪的声响。手非常酸，汗侵入了眼，他托了托背上的儿子，裹了裹外套，想，我是走在地狱里呢！

没有灯火的城市比没有灯火的乡村更像地狱。

这是为什么？这究竟是为什么？亚君，我是爱你的，你知道我有多么的爱你吗？你是我的掌中宝，你是我的心头肉。亚君，你知道吗，我珍惜你胜过珍惜自己的生命，可你，可是你，为什么非要去演什么电影为什么非要红杏出墙？为什么非要将我陷于无颜见人的境地？！为什么、为什么？！

亚君，亚君，我知道，你也是爱我的，你知道我自16岁开始就一直一直在等你长大，等你长大了做我的妻子，一等等了9个年头。整整9个年头啊，一个人的生命里，有多少青春的9年哪！亚君，你嫁给了我，让我心想事成，我感激你，一辈子都感激你。亚君，你会来求我的，你一定会来求我的，你舍不得我，也舍不得恬恬。你会攥紧了我的手泪流满面地起誓"再不想演电影了，只想与你日日夜夜厮守在一起，过那云淡风轻、安安稳稳的静好生活"。会不会呢？你究竟会不会呢？

为什么？究竟为什么？今晚我会这样失态，这样没有胸怀，这样没有风度，这样凶神恶煞？那个说出那么决绝、那么恶毒话语的人，那个对最心爱的女人使出全武行、往死里打的人是我么？那个对岳父、岳母那样无礼，那样凶恶的人是我么？那个温文尔雅、风流倜傥、彬彬有礼的张家少爷到哪里去了？我将一切都说绝了，我没有给她留下一丝一毫转圜的余地。俗话说，"牙齿缝是有毒的"，我干吗要说"我的爱妻，在霞飞路上，被日本人的军车轧死了！轧得脑袋要用铁铲铲起来！"该被诅咒的应当是我，应当是我吗？不，不，不，该被诅咒的应当是她，不是我，我哪里有一点错了？我一丁点错也没有，所有的错都在她那边，她是自作孽、不可活。

上官云珠的阿爹阿娘：韦亚樵、金桂凤

照她的性格脾气，照她的一贯作为，凡是她所认定的，她一定会一条道走到黑，她不可能为了我而有所改变，也不可能为了儿子而有所改变，什么也改变不了她，"韦家脾气"就是这个样子的。她不会来寻我、求我了。怎么办？我该怎么办？情到尽处，覆水难收。

万一，我说是万一，她来寻我、求我，我又该怎么办？我得硬起心肠，还是软下心肠来？她给我们老张家出的难题已经是够多够多的了，男子汉要有男子汉的尊严，倘我软下来，我的脸往哪儿放，我还如何做人？如果，如果她真的来寻我、求我，见面一定会是十二分的难堪，无非又会是一场大吵大闹。这种见面，就好比在彼此的心口再对插一柄尖刀，把双方都弄得遍体鳞伤、痛彻心肺，不必了，不必了，那又何必呢？退一步海阔天空，让一分风平浪静，难道我就不能退一步、让一分么？可是，我怎么可以服软呢？然而，她会服软么？她也决不会。怕只怕，她会以为，我已伤透了她的心，她真的已对我绝了情、死了心。如果，她真的对我绝了情、死了心，不再来寻我，我又如何自处呢？不敢想，不敢想下去了，那将会把我的面子里子一起丢光，丢得干干净净，一点不留。

张大炎在上海的街头，彷徨、游走，直到天亮，才回到他所任教的学校。

第二天，他对校方谎说岳父被查出了肺结核，需要隔离治疗，医生建议小孩子得搬出来住，他想求请校方通融一下，安排一间临时的教工宿舍。校方通情达理，给他匀了一间，满足了他的要求。

这场戏到底会向哪个方向演下去呢？又何时才能结束啊！

悔不该来上海，上海这个大染缸啊，你毁了我的家！

但愿她能回心转意，我保证，只要她能回心转意，我也一定跟着回心转意，一切都不再与她计较。只要她不去做戏子，我什么都愿意顺着她、依着她。

如果她非要做戏子，甘心堕落，那我也没有办法，天要落雨娘要嫁人，只怨自己命苦。不只自己命苦，最苦的是儿子恬恬。恬恬，恬恬，你怎么会摊上一个这样的母亲啊。

韦亚君一直都没明白，出身名门的张大炎，也算接受过西方自由文化和平等思想教育的，却是那么封建僵化，那么顽固绝情。就算自己的作为，正如爹娘所说的，一心一意想要去演戏演电影是吃了迷药、是昏了头、是发了疯，但也不能污辱我"与野男人搞七搞八"呀？

我是想去演戏演电影，我是被电影征服和诱惑了，演戏演电影有什么不好？当女演员的就一定是贱女人么？人家张冀牖不是跟你们老张家也有很密切的关系吗？人家张冀牖也是徽籍，还是封疆大吏之后，你老张家的名门望族比起张冀牖家的来，那叫小门小户，张冀牖的爷爷叫张树声，任过江苏巡抚、两广总督，是赫赫有名的淮军大将。人家张冀牖年纪比你张大炎大了一大截，思想却比你张大炎开通了一万倍，他可以邀请马连良赴自己办的乐益女子中学为学生们演出，可以延聘全福班的名旦尤彩云去自己的家中教授四位女儿学习唱段唱腔和舞台身段，可以将一个女儿嫁给唱昆曲的。你去苏州城里打听打听，说起张冀牖来，谁不竖起大拇指夸他，他与四个女儿同台演戏，他与女老师、女学生们同台演戏，有谁说他败坏了门风、校风？谁敢说他不是正人君子？亏你张大炎还在乐益女中做过先生！

我扪心自问，其实你自己也清楚得很，我韦亚君16岁与你恋爱，直至与你结婚共同生活到现在，从来就没有做过任何一件对不起你张大炎的事。你年纪比我大了9岁，你追求我的时候，我还是一个对爱情朦胧不懂的少女，你口口声声将我比做"掌中宝、心肝肉"，说"爱你到骨髓、伴你到白头"，你肉麻当有趣，为了得到我，可以放低你的身段。可如今，我为你生了儿子，操持了这个家，当我一说要去学戏，你就说打就打说骂就骂说走就走了。原来，一切的一切，都是假的，都是骗人呢！说什么喜欢我、爱我，你喜欢的、爱的，只是我的外表、我的容颜而已，而非整个人！倘有哪一天，我变老了、变丑了、变傻了，你就会毫不留情地一脚将我踹开、另寻新欢！你将我看得如此之轻，在你眼里，我根本就是一件旧衣裳、一双破袜子。不，连一件旧衣裳、一双破袜子也不如。我就是喜欢演戏演电影，你越反对，我就越喜欢，偏坚持，这碗戏饭，我铁定吃了！

  他是爱我的，这么些年来，他爱我爱到爱不释手，或许，一切的一切，都只是他的一时惊惶、一时失措、一时酒后失态，是因为他太在乎我，是由爱生恨，他是担忧我成了明星以后，会弃他而去。他对我居然没有一点点的信赖和信心，他是个大笨蛋大傻瓜。也许，在此刻，他就已经想通了，已经后悔开了，已经在归家的路上了。其实，我自己也知道，演戏演电影，确为世俗偏见所不容，可那是世俗偏见啊，你要去理它干吗？我可以洁身自好！他这个人就是太认死理、太爱面子。我真的爱他，非常非常的爱他，一直以来，他对我，如父、如兄、如师、如友，好的是没得说，良心都是肉做的，我怎么会为了演戏而背叛他呢？我不是一个水性杨花的女人。他会回来的，他一定会回来的，他想通了就会回来，只要他肯回来，我也不要他半句认错的话，会与他和好如初。大炎，只要你回来，盼你快快回来。

  一天、一天、又一天，韦亚君天天倚门守望，一个礼拜过去了，身影俱无，音讯俱无，她的心房就收缩做了一颗小小的冰晶，冷至脆瑟，轻碰即碎。他一

中年张大炎

怒而去，衣衫单薄，也不知道他身上有没有钱，有多少钱；恬儿，娘的心肝，可别饿坏、冻坏了哇，娘想你啊！

夫妻间半夜闹翻这件事，韦亚君一直是瞒着她的哥哥姐姐的。这一回，终于不能再继续隐瞒下去了。张大炎出走已经7天了，还是不肯低头。没法子了，韦亚君只好去请哥哥姐姐出来打圆场。

韦宇平、韦月侣于当晚就赶了过来，两人听了事情发生的前后经过，就知道这场婚姻已再难继续维持。不过，宁拆十座庙，不拆一桩婚。两人答应，定会想尽办法劝张大炎回家。

韦宇平、韦月侣一路奔跑，直接去了张大炎借住的寓所，却见小恬恬正哭个不休。张大炎哪会带什么孩子啊？平时的生活起居都是亚君在料理，他手指头都不湿的，离开了家7天，他的日常生活早就变得一团糟糕了，头发苍乱，胡子拉碴，眼泡浮肿，衣衫凌乱，一副落寞样。韦月侣抱着恬恬只是落眼泪。韦宇平见着张大炎，只说了两句话："我的老同学，你该刮刮胡子了。""愿意再喊我一声阿哥么？愿意，就跟我回去。"

张大炎一句话都没说，就默默地跟着韦宇平、韦月侣回到了家。他当着所有人的面，将那份于一周前写下的休书，撕碎了，抛入了厨房间的泔水桶。

初试红妆

只为她说要去学戏，丈夫张大炎就撕破面孔，用前所未有的恶毒话语中伤了她，用超乎想像的狰狞拳脚毒打了她，更以扔下休书、抢走孩子的非常手段给她埋下了痛彻魂魄的永久苦楚。这天崩地坼一般的暴风骤雨，在她个人经历中还是第一次所遇，她猝不及防，她被推到在了崩溃的边缘。

然而，她很坚强，她终于没有被击倒，没有崩溃，经过短暂的失落与迷惘，她于身心俱伤的刻骨痛楚中挺立了起来。一口标准的京腔已学得差不多了，已结交了电影圈里的许多朋友，已顺利通过了华光戏剧学校严格的入学考试，学费也缴清了，何氏照相馆待遇优厚的工作也辞了。只差一步，她就踏上了电影的门槛了。

她忽然想起了去华光戏剧学校考试时的前前后后：她是第十三个出场，主考官出题，让她唱一曲金嗓子周璇的名曲《四季歌》，她调整好情绪，敛眉就唱："春季到来绿满窗，大姑娘窗下绣鸳鸯。忽然一阵无情棒，打得鸳鸯各一旁……"咬字精准，吐词清晰，词曲合拍，音色和美，唱到动情处，韦亚君悲从中来，泪光闪烁。一曲唱毕，全场鸦雀无声。过了好一会，但见一位美丽的女子从考官席上站起，提着裙裾款款而至，她走过来，张开双臂，一下就抱住了韦亚君的肩膀，一面不停轻拍，一面兴奋地道："好妹妹，你如果早一点出道，《孟姜女》一角就是你的了，你比我演得好，也比我唱得好，你天生就是个演戏的材料。"说着说着，那美丽女子竟声音哽咽了。亚君认得面前这女子，她也是何氏照相馆的常客，正是歌影双栖的周璇小姐。周璇今天也是嘉宾席上的考官之一，她与亚君是同乡。1922年，周璇出生在江阴城郊君山巷的一个贫民家庭，5岁时被人贩子拐卖到无锡走江湖的人手里，随后又被带到上海，辗转成为常熟籍周姓人家的养女，取名周小红。后来进入黎锦晖的明月歌舞团，以一曲《四季歌》走红上海滩。

张大炎终于重又回到了这个家中，亚君发现，在这短短的几天时间里，他已有了许多明显的改变，变得不大爱说话，变得抢着做家务，变得唯唯诺诺更加体贴温存了，似乎已认识到了他这一次的不是，有了深刻的反省。几天后的一个晚上，亚君欲言又止了好几回，终于忍不得，就对丈夫道："大炎，明天，我想请你帮个忙，你自行车送我，我要去华光戏剧学校报到上课了。我将住宿在学校里头，可能要两三个月不回来。对这事，我想请你瞒着我爸我妈。"亚君一边惴惴不安地说，一边目不转睛地观察他的表情。张大炎神情木木，点了点头，也不说话，取过纸笔，仿佛是一个只会写字不会说话的哑巴，写道："我会在你爹娘面前保密。我会好好照顾恬恬。"韦亚君接过纸，看了一眼，泪水就涌了出来，哽咽着道："大炎，我就想试一试，试一试自己究竟能不能演电影。大炎，只要你理解我、支持我，我发誓，我一辈子不会背叛你，我保证。如果食言，我不得好死。"两人拥在一起，紧紧地拥在一起。

第二天，天还没大亮，张大炎就起了床，轻手轻脚，为亚君打点铺盖。送走亚君，他看见岳母，便悄悄说："姆妈，那天是我不好，我错了，你们都要原谅我。为了表达我对亚君的歉意，我决定，让她去青岛崂山散散心，刚才，我已送她去了十六铺码头。"岳母问："你怎么不一道去？"张大炎笑道："我告不出假来。我安排她与我们学校的两位女同事同行。"岳母听了，很开心，直夸女婿做得对、做得好，乐颠乐颠跑去床头将这消息报告给韦亚樵，韦亚樵道："什么是夫妻，这就是夫妻，夫妻哪有隔夜仇，床头打架床尾和。"

┈┈┈┈

十天过去，亚君没有回来，半个月过去，她仍没有回来。韦家两老不免就起了疑心，问急了，张大炎就只得实言相告。两老听了，目瞪口呆，跺脚不绝："什么？她学戏去了！你为什么要放她去，为什么非要瞒着我们？"张大炎淡淡地答道："不答应又能怎样？不瞒你们又能怎样？"两老道："你阻止不了她，有我们啊！"当下就要赶去学校把她给拽回来，张大炎好说歹说才劝住了他们。"冤孽，真是冤孽。"韦妈妈嘴里念叨着"冤孽"，便去灶台点烛焚香，求请佛祖、灶王爷、老祖宗保佑，保佑她的女儿无论如何都演不了电影、成不了戏子。

大约个把月以后，是1940年6月22日，亚君抽空回了一趟家中。然而，他们压根也没有想到，今天的韦亚君，已有了一个崭新的艺名"上官云珠"了。

上官是踩着舞步回来的，还没到门口，就一叠连声地大喊"阿爹！阿爹！阿爹！"声音清脆响亮。一进门，还没等行李放下，就先将一摞报纸递给了韦亚樵。

她光顾着自己高兴了，没在意韦亚樵的脸色。他看见她，像见了仇人一般，一个箭步抢前，扬起青筋暴突的手，作势就要向她的脸庞掴来。上官见状，连退数步，眼泪"唰"地涌出来，一串串一串串地涌出来："阿爹，你打，你只管打，狠狠地打，今天，我绝不会躲、绝不会闪。是女儿不乖，是女儿不好，都是女儿不好，女儿该打。可是，女儿实在太想演电影了，实在是太想了啊。"一面说，一面趋前几步，抬脸迎了过去。韦亚樵一怔，看定女儿，手在空中停了好一会，才说道："天要落雨娘要嫁，罢了，罢了，生女如此，夫复何言？"说着说着，不由就老泪纵横了。

报纸递给韦亚樵，亚君的照片印在报纸醒目的位置，他读到了"艺苑新葩——上官云珠"、"倾国倾城——上官云珠"之类的字眼。韦亚樵读完，脸孔煞白，他明白，一切都已经无法改变，一切都已经无法挽回，就像黄浦江水已流入了长江，长江之水已经流入了大海。眼下，他最担心的事是，傍晚女婿张大炎回来，知道了这个情况，不知又会挑起一场怎样激烈又如何收场的争吵。

唉，生了女儿，嫁了人，仍一点儿也不省心！他的脑海里，莫名就闪出了两个成语：红颜薄命、红颜祸水。

韦亚樵的担心很有道理，他太了解他家的这位女婿了。但没想到的是，虽然大家都做好了迎接这一场雷鸣电闪般的暴风雨的心理准备，但最后这场暴风雨却并没有如期而来。张大炎回到家，很认真、很仔细地读完了那些报纸，面无表情，只说了"不以物喜，不以己悲"八字。他默默用过晚餐，和衣上床，蒙头便睡，一觉睡到了大天亮。第二天早上用完早餐，他与平常一样，夹了皮包，顾自去了学校。居然是出奇的平静。

才在华光戏剧学校学了一个多月的戏，韦亚君居然就获得了出演是时上海最大影业公司——影业大亨张善琨当老板的中华联合制片股份有限公司投拍的《王老虎抢亲》女一号王秀英的机会。这一个机会的得来，在外人眼里，确实是突兀到了莫名其妙、匪夷所思的地步，有那么多成名半成名的现成演员盯着、候着、竞争着，却都败给了已为人妻、已为人母、才学了几天戏的从乡下来的小"堂客"（堂客，苏南方言，家庭妇女的俗称），这完全不合常理啊！乃至不久就有了"上官为了快速成名，与张善琨订了'上床，试镜，姘居，做明星'"的流言，基于此，许多小报还捕风捉影地刊发了许许多多关于上官云珠与张善琨之间的绯闻演义和花絮报道。然而，真实的情形却并非如此。

张善琨，湖州南浔人，毕业于上海南洋大学，曾在药店、烟草公司供职。1930年投拜于黄金荣门下，被委为上海大世界游乐场董事，继而，又担任总经理，1933年接办游乐场舞台，1934年创办新华影业公司，拍摄了《新桃花扇》、《长恨歌》、《狂欢之夜》、《夜半歌声》、《凌云壮志》等影片。此外，他还拍摄了一部纪录当时中国军队收复百灵庙的中国首部新闻纪录片《绥远前线新闻》，并于七七事变发生后的第三天，首映了以甲午战争为题材的反侵略故事片《青年进行曲》。通过这些影片的摄制和上映，他的麾下聚集了国内绝大多数有志于电影事业的优秀人才，选拔、培养、推出、捧红了数十位观众热烈追捧的男女影星，被称为"造星圣手"。1940年的张善琨正值盛年，他踌躇满志，雄心勃勃，

宣布上官云珠为《王老虎抢亲》女主角时的报道

策划了一年里拍摄十部系列影片的计划，其中打头炮的就是《王老虎抢亲》。那时，从影的艺人并不多，就那么几个老面孔，一下子要推出十部电影，人手很缺，另外，从商业的角度考虑，他也急需要为公司挖掘一些有灵气的新演员。郑君里和周璇向他力荐了韦亚君。于是，约见、试镜。韦亚君娇小玲珑，风情万种，十分上镜。差强人意的是，韦亚君这个名字不易叫响。但这，非常好办啊，不费吹灰之力就能办好，只要为她弄一个合适的艺名就OK了。于是，在张善琨的提议下，《王老虎抢亲》一剧的导演徐欣夫、卜万苍就动开了脑筋，在场的其他影人也一起动开了脑筋。当时上海滩上当红小生舒适的爱人艺名叫"慕容婉儿"，于是就为韦亚君定名为"上官云珠"。"上官"是唐朝皇亲国戚的姓氏，是高贵气质的象征；唐朝武则天的宠臣不是叫"上官婉儿"吗？于是，韦亚君摇身一变，变成了高贵的"上官云珠"，双姓双名，四个字念起来婉转响亮，琅琅上口，像高天流云一般赏心悦目。

张善琨做事雷厉风行，极讲效率，《王老虎抢亲》女演员人选一经确定，他立马筹备新闻发布暨记者招待会。他向上海电影圈所有的重要人物都发了请柬，当然也请了大报小报主要记者以及其他领域的一大批社会名流。记者招待会于

1940年6月21日在红棉酒家举行，会上，张善琨颇是自负地这样介绍上官云珠："我要郑重地向诸位介绍这一位未来的银幕新星，她就是上官云珠小姐，她将在本片中出演王秀英，也将在之后的九部片子中出演重要角色。迄今为止，她是我所看到的演电影的最好一棵苗子。这样一棵好苗子，没有不红的道理！"于是，6月22日、23日、24日的沪上报纸就连篇累牍地报道了这次会议的盛况，对于上官云珠的介绍和渲染，当然也是如四月花圃般地洋洋洒洒、花团锦簇。

然而，上官云珠虽然万分幸运地获得了这个机会，却最终是没有能够抓住这个机会。第一次走进真正的摄影棚，雪亮灯光聚焦过来，她紧张了，她忘了台词、忘了动作，她不知所措。导演一声"开麦"，摄影机轧轧转动，她呆若木鸡；导演又一声"开麦"，亮相灯缓缓照临，她手忙脚乱；导演再一声"开麦"，她依旧浑身僵硬。张善琨狠狠跺了下脚，将手中杯子一摔，丢下一句"绣花枕头一包草"，甩头走了。导演对望几眼，摇了下头，嘀咕了一句"可惜了"，低头走了。摄影师摊了摊手，望了望天，低叹一句"真不争气"，点一支香烟走了。同台的其他演员，投来惋惜、不屑、嘲讽、讪笑等诸多不同的眼神，也默默地走了。只有探班的记者，一个也没有走，他们像吞服了足量的鸦片，精神百倍，兴味盎然，蜂拥而上。唾沫四溅一阵发问，喊哩咔嚓一阵拍，她无言以对，无颜以对，她被弄懵了。她总也搞不清楚自己怎么会怯场怯到这样一种地步，平时的大大咧咧都到哪里去了？一贯的豪侠胆气都到哪里去了？从前都是天不怕地不怕、不怕数落不怕笑话不怕任何场面，我今天这是怎么啦？真是见了鬼了呢！面对这帮记者的包围，她的脑子一片混乱、一片空白，她就好比一截没有生命的木头一样，戳立在摄影棚的中央。好一会，她终于清醒了过来，复又惊慌了起来，她用双手捂了脸孔，披头散发、跌跌撞撞地逃了开去。记者们追出来，穷追不舍，她躲不开，甩不掉，只好捡起路边的断砖碎石，使出吃奶的力气不断地扔、不管不顾地向他们扔去，惊得记者们张口结舌、四散躲逃。

上官云珠跑出摄影棚，跑到了大街上。外面正下着雨，下着不小的雨。街面上的人们行色匆匆。她摆脱了那帮记者，却摆脱不了街上的行人。她看到大

踌躇满志的上海电影大亨张善琨（居中者）

街上行色匆匆的人们，皆在透过雨伞的边缘偷偷看她，有的还站定了看她，嘴巴里喋喋不休地议论着她，大家都在看她好看，都在笑话她。难道大家不该笑话我吗？原本应当一炮打响、一举走红的，结果却是出乖露丑，人人看扁，都来笑话我吧！都来吧！都来吧！全世界的人都来吧！求老天，请你把雨下得更大些、更密些吧，请你再刮起可以将树木、电杆连根拔起的狂风来，把这大街上的行人全都赶到屋子里面去，把我这个不争气的可怜人刮去天涯海角、刮去渺无人烟的地方！

　　大雨淋湿了她的头发，淋湿了她的衣裳，她浑然不觉，她蹲在雨中的街头，呜呜哭了起来。她漫无目标、漫无方向地踯躅在落寞的街头，面色苍白，神色憔悴，泪雨难分，长吁短叹，难受得无以复加。如此好的一个机会，就这样不明不白地丢了，这样的机会还会有么？不会了，不会了，再不会有了，普天之下，有谁肯把这么好的一个机会给一个傻瓜一样的人呢！低下头去，去张善琨那里认个错，苦苦哀求他，发誓再试必成，让他再给一个再次试试的机会？都说张善琨这个人最重第一印象、第一感觉，从来说一不二，从来铁石心肠，无论什么人，一旦被他看扁，再不会理你，更不会用你，甚至不会再见你，任什么人打招呼也一样。你这个猪头、你这个笨蛋、你这个扫把星，你辜负了郑君里大哥、周璇姐姐、徐欣夫先生、卜万苍先生他们的热切关怀和殷切期望了，你弄得他们都下不来台了！你这样一个好高骛远、上不得台面、扶不上马背的可怜虫！想到这里，她就扯着自己的头发，蹲在雨中的街头，呜呜哭了起来。

有生以来，上官云珠第一次感受到了人生的绝望，那绝望一波一波涌来，她竟毫无挣扎的勇气和力量。

姐妹情深

雨还在不停地下,越下越大;果然刮起了风,不停地刮,越刮越猛……情绪低落的上官云珠蜷缩在雨幕下的街角,如一只被遗弃的猫咪,如一株被霜打的茄秧,百般的无助,万般的可怜,无限的凄凉。突然,一部黄包车"突浪、突浪"飞也似的过来,在她的旁边戛然刹住,一个人快步跨下车。她的头顶多了一把雨伞,她感觉脸面有一只温柔的手在轻轻为她拭去泪滴,抬眼望,上官云珠看见一副年轻秀丽的面孔在陪伴自己落泪,她鼻子一酸,放声大哭:"妹妹,姐为什么就这样不争气!"对方不说话,继续哽咽着,扔掉伞,托起上官的身肢,紧紧地抱在一起,一面抱,一面轻抚上官云珠的腰背,直如在哄一个可怜的小孩子。

来人就是袁雪芬,比上官小2岁,越剧演员,11岁入四季春越剧科班,14岁开始在杭州演出,两年多前来上海闯荡,现在才18岁,已是红遍全上海的"越剧新后"。在何氏照相馆,上官与她一见投缘,结为好友,彼此以姐妹相称。袁雪芬捧起上官的脸,示意上官看她的脸。于是,上官就看到了袁雪芬在富有表情地做鬼脸惹她笑。自从两人相熟,上官起了演电影的念头,袁雪芬就让她去自己的戏班里观摩姐妹们的排练,每演新剧,也总不忘送几张票过来。教着教着,袁雪芬就惊叹于上官的演戏天赋,怎没几下子就赶上和超越了"师傅"?"瞧你这眼睛、这眉毛、这嘴角,一扬一敛间,千变万化,出神入化,想悲就悲

越剧新后袁雪芬生活照与角色照

到天昏地暗，想怒就怒到地动天摇，想乐就乐到春满人间。韦姐姐，你这刘海、这鼻子都会演戏呢！真正天生是个可以吃戏饭的人。"

一对姐妹花在这雨中对泣着、扶抱着、用心交流着。良久，袁雪芬不由自主就连打了几个喷嚏。上官云珠心头一紧，一汪热泪就夺眶而出，赶紧去一旁取过雨伞，撑在两人的头顶，道："妹妹，你不能感冒的，你是一定不可以感冒的，一感冒，你就上不了台、唱不了戏……"袁雪芬"扑哧"一声笑了出来，道："韦姐姐，你终于开口说话了！你这一开口说话呀，就表示什么事都没有了。是啊，是啊，照例，我是一定不可以感冒的，如果感冒了，今晚就登不了舞台、唱不了戏，就会令看客非常失望。可是，韦姐姐，当我听到你出了状况，我哪还顾得上自己的嗓子、哪还顾得上今晚的演出？我们是好姐妹啊，我们要做一生一世的好姐妹的。韦姐姐，你今天的怯场，只是不小心崴了一下脚而已，你要有自信，上海这地界，识宝的人多着呐。"袁雪芬这一席话，句句沁人心田。上官本是一个有慧根的人，稍加开导，已是想通，便破涕而笑，道："好妹妹，姐错了，我是一时糊涂了呢！妹妹可别笑话我。"又说："好妹妹，姐虽大了你两岁，可就是没有你懂事。若姐以后还犯糊涂、还做错事，你尽管劈头盖脸骂上来，抽我耳光也行，永不睬我也行，可千万不要为了我而作践自己的身体。你在这冰冷的雨田里陪我淋雨、陪我掉泪，我、我、我、我……我想找个地洞钻下去，再不出来。"袁雪芬笑了，道："这才是我的好姐姐呢，我们走，我们快走，我们跑步走，跑一段路，出一身汗，洗一个热水澡，喝一碗姜汤，保管就没事！哦，对了，今晚，我恰好要上一出新戏，你就来兰心剧场好吗？我这有两张票，你拿去。"袁雪芬携了上官云珠的手，正欲举步上路，身后"突浪、突浪"一阵响，又有三部黄包车飞也似的过来，在她们的旁边戛然刹住。车上跳下三个人来，分别是卜万苍、顾也鲁、周璇。小个子的"袖珍小生"顾也鲁动作敏捷，走在最前列，一面奔过来一面用方言大呼小叫："上官，你让我急煞脱哉。头一趟上场，总归会有点上场昏的，我们都是这样过来的，你不相信问问周璇妹子？"这个顾也鲁，此次拍摄《王老虎抢亲》，他饰演男一号周文彬。自从两人在何氏照相馆认识，就成了兄妹一般。顾也鲁叽里咕噜一通苏南土话，卜万苍半句也没有听懂，他是一个言词不多、作风严谨的人，即使是与编剧讨论剧本、与演员说戏，也是言简意赅，从没有一句废话。此时，他见上官云珠、袁雪芬皆已衣衫尽湿，袁雪芬不时要打几个喷嚏，上官云珠已冻得嘴唇发紫，便更不愿多说。他走过来，拉过上官的手，将自己的右手小手指勾牢上官的左手小手指，郑重地道："你要振作，一定要振作！我相信你会成为一个好演员。我们拉勾，我们谁都不许耍赖，谁都不许！"周璇与袁雪芬也是好友，她将袁雪芬拉到一边，问："她没事了吧？真的没事了？刚听到片场发生了这样的事，我真急死了呢！"袁雪芬告诉她："已经没事了，她很聪明，已将心结解了。"周璇听了，长舒了一口气。于是，袁雪芬提高声音："我说，大家一起坐车走，再等一会，不定会有多少人过来呢。如果再来三位五位，我可请不起客了。中午这饭局，我来请客……"

卜万苍当年也是电影界的一等一的大导演，说话极有些分量。两个多月后——1940年的7月，他就穿针引线，推荐上官出演了话剧《米》、《人之初》、《雷雨》，上官后来出演郑君里导演的《一江春水向东流》等几部名片，也有卜万苍的荐才之功。卜万苍在音乐界也是一位独具慧眼的伯乐式人物，田汉、聂耳联手写歌就始自于1933年卜万苍导演的电影《母性之光》，那时的聂耳还是"明月歌剧社"的一名普通的小提琴练习生，住在七、八个人一间的狭小宿舍里，一首歌曲作品也没有公开发表过。1966年，卜万苍还力排众议，发现并培养了后来成为著名歌星的奚秀兰，使其成为风靡一时的"民歌皇后"。

著名影星周璇

岁月流转，25年后，1965年，上官于谢晋导演的《舞台姐妹》中饰演商水花一角，而商水花一角的生活原型恰是袁雪芬。40余年后，中央电视台、上海电视台、江苏电视台、《大众电影》杂志等影视记者为拍摄上官云珠生平纪录片前去采访顾也鲁，顾也鲁只垂泪不止，不肯轻吐一词。当年，曾有"铁打的顾也鲁，流水的女明星"一说，他几乎与所有的美女明星都演过对手戏，周璇、陈云裳、陈燕燕、李丽华。周璇于1957年患精神分裂症病故，享年只有39岁。卜万苍60岁后息影，含饴弄孙，种花养草，凭海听风，竹篱听箫，于72岁时在香港驾鹤西返。这是后话，暂且不表。

著名导演卜万苍

第二天，上官云珠睡到很晚才起来，起来的时候，已接近中午。韦妈妈早就温热了一锅白粥，看她盥洗完毕，就默默地盛了一碗过来。她接过碗，接过筷，却不动嘴，问："阿爹，今天的报纸呢？"韦爸爸应了声"噢"，就从里面探出半个头来，回道："大雨天，怕是邮差在路上耽搁了，还没有来呢……"韦爸爸的声音很不自然。知父莫若女，上官知道阿爹是在撒谎，也不说穿他，放下碗与筷，说："我去大街买一份回来。"上官转到大街上，迎面候着了赶来韦家的何佐民。何佐民问："亚君，你这要去哪？"上官道："在家里觉着无聊，出来买几张报纸看看。"何老板也不跟亚君说客套话了，直接说"我说亚君啊，报上都登了你出洋相的事了，那电影不演也罢，我早就与你说过，电影圈是个是非场。你还是回到我店里来吧，工资照从前的发。"

上官云珠笑道："何老板的好意我心领了。这出洋相的事，我昨天就想开了，就当得了一次感冒、崴了一次脚。"

何老板笑了，其实何老板的西装口袋里，就有几份刚从报童手里买来的报纸。这些报纸，每份都刊载了上官云珠昨日出丑的事儿，添油加醋、肆意涂抹，说什么上官云珠是："绣花枕头"、"蛤蟆难上井台"、"木质的美女明星"等等。

上官云珠接过报纸，展开细读，莞尔一笑。何老板看在眼中，心想："这天仙妹子，看来真的会红！"

之后，上官云珠继续回学校上课。她发现，有些同学看她的眼神变了，对她的态度变了。每每发现她走近，就远远绕开她，在路间突兀相遇，就讪讪避开，见她捧着书本专注用功，就吐舌、眨眼、鼓嘴、扬眉做鬼脸。大家都不与她说话，仿佛她是一头怪兽。好多次，她听见女同学窃窃私语，说她个子矮，才16岁就未婚先孕。笑她敢与丈夫打架，到了镁光灯下却连话都说不出来。笑她一个乡巴佬竟要演电影、竟想做明星。对此，上官云珠的内心是非常的烦恼，不过，她有与难缠婆婆相处一年的经验，深知"以德报怨"无所不克。好呵，你们不理我，我偏要缠上你，你对我不好，我偏要对你好。对喜欢穿着的同学，她就与之大聊衣饰，对喜欢美食的，她就与之大聊烹饪，对喜欢妆容的，她就与之大聊修妆。她生来活泼开朗、仗义疏财，几条围巾一送、几顿夜宵一聚、几场电影一陪、几次舞会一请，没费多大功夫，这些同学就一个一个都被她俘虏了过来。

她全身心地投入了学戏，每一个表情、每一个动作、每一句台词，都练习好几遍。华光戏剧学校的短训即将结束的时候，她又报考了上海新华影片公司的演员训练班，受训期间，几乎天天都泡在排练场。1940年10月，新华演员训练班结业，上官云珠以"出演可以不拿薪水"、"一定抢做勤杂事务"、"演得不好随时无条件走人"的承诺条件，申请加入了上海剧艺社。没过多久，话剧《米》开演，她在戏中饰演丫环梅香。继而，她又加入了《人之初》与《雷雨》的排练班子，尽管扮演的都是些戏份很少的小配角，但她的表演却是非常的认真、细致、到位。

1941年，是上官云珠从事演艺生涯以后的第一个春天。这一年，作为一个学戏才半年的新人，居然获得了连演七部电影的机会。分别是《玫瑰飘零》、《黑衣盗》、《泪洒相思地》、《鸳鸯泪》、《花月良宵》、《大饭店》、《贼美人》，皆由上海艺华影业公司投拍。这七部影片，基本都由鸳鸯蝴蝶派作家的作品改编，情节差不多，无非是帅哥美女，不期而遇，男欢女爱，一见钟情，风浪迭起，劳燕分飞，万般阻碍，终结连理，是快餐类的商业片，业内俗称"粉戏"。上官在影片中饰演的也都是些极其次要的配角。然而，演员的真本领就是要靠舞台和银幕磨炼出来，就是天才，也是来自于一小步一小步的积累。

第二次爱情

1941年12月8日，太平洋战争爆发，美、英、法等国对日宣战，日军进占上海租界区，沪上租界区"孤岛时代"终结。

日人进占租界，随后就对沪上进步文化与自由文艺开展了围剿，开始了对沪上电影制作业的染指和控制。诸多电影公司出于基本的爱国良心，不愿与之配合，纷纷关停，包括艺华公司在内的许多电影厂都歇了业。这样，上官云珠在前段时间里参拍的片子就基本都无疾而终了。在此背景下，相当部分影人退向了话剧舞台，也有一部分人退出了演艺圈，当然也有一小部分人选择了与日人合作，当了文化汉奸。上官云珠早已下了"吃定这碗戏饭"的决心，当然不肯半途而废，也当然不肯做"汉奸演员"，她哪能忘记，自己的三姐韦均奇就是被日本人的炸弹无端炸死，自己一家老小一年多颠沛流离的逃亡生涯就是拜日本鬼子所赐，她的几位在家乡加入地方抗日队伍的堂兄、堂弟、侄子就牺牲在日本侵略军的枪口之下。她对日寇是恨入骨髓，岂肯与之合作，便将一心一意演电影的心思暂时收了回来，转而着意于话剧舞台。

谁也想不到的是，上官云珠这一次的无奈转身，却让她遇上和爱上了大才子姚克。

"姚克"两字，于今日已是非常陌生了。在当年，他的声名，却是紧随鲁迅之后，在中国的整个文化界赫赫有名，他被人称做鲁氏首徒。姚克与鲁迅的关

上官云珠第二任丈夫姚克与鲁迅合影
（1933年5月摄于上海雪怀照相馆）

《生活星期刊》封面：姚克等为鲁迅先生扶棺入葬

在鲁迅墓地前
左起：萧军、姚克、章乃器、沈钧儒、邹韬奋

魯迅先生不死

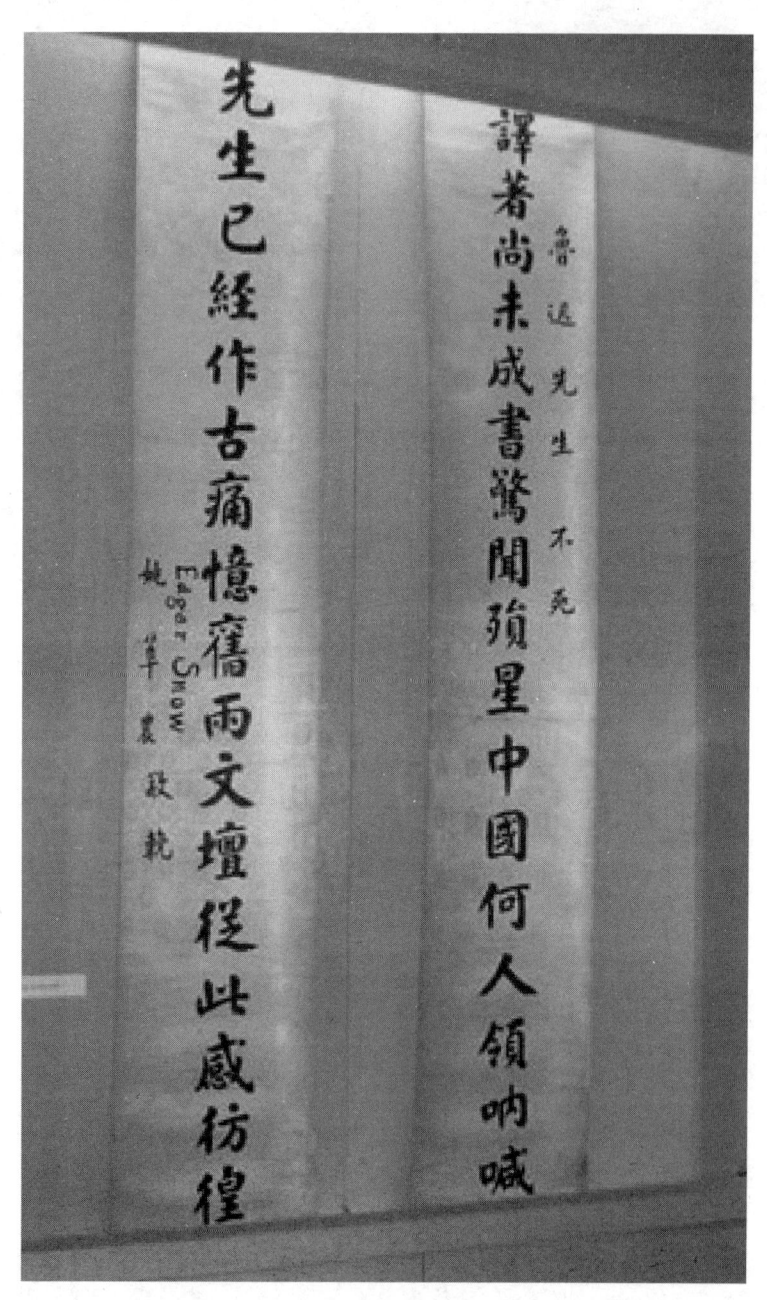

譯著尚未成書驚聞殞星中國何人領吶喊

先生已經作古痛憶舊雨文壇從此感彷徨

姚克 Edgar Snow 敬輓

姚克撰写的悼念鲁迅先生的挽联（与斯诺联合署名）

系十分亲密，在姚克与鲁迅交往的4年间，鲁迅日记中提到姚克之名的地方就有95处之多，姚克既是鲁迅作品传向西方的主要翻译者与引介者，还是鲁迅丧礼上的主持人、执绋者与抬棺人。鲁迅葬礼按西方程式举行，其一大特点是由挚友和至亲抬棺，鲁迅的棺木由他生前最看重、最亲密的弟子来抬，抬棺人计有12人，内有巴金、张天翼、胡风、黎烈文、靳以、欧阳山、萧军、吴朗西、曹白、鹿地亘等。姚克与美国记者埃德加·斯诺一早就是铁哥们，斯诺的去延安，即是姚克牵线搭桥的结果。姚克还曾通过他的私人关系营救过中国人民的国际友人卡尔森。卡尔森是美国驻沪海军陆战队的一名上尉，对中国人民遭受日本法西斯欺凌十分同情，他和斯诺都是宋庆龄的朋友，姚克曾在宋庆龄的家里见过他。当时，卡尔森被疑刺探日军军事机密为沪上日本宪兵秘密逮捕，国共两党的地下人员多方努力都没有搞清他的下落，在宋庆龄和斯诺的请求下，姚克几经周折，通过一位在沪西日军宪兵大队任高桥中佐翻译的远亲，获得了卡尔森关押地等重要的准确情报，设法告知了潘汉年方面的情报人员，卡尔森终于被营救脱险。后来，卡尔森撰写的反映中国抗战实况的《中国的双星》，很大程度上影响了美国政府的对华、对日决策，直到1990年，中共党史权威胡乔木还评价说："他的影响实际比斯诺还大"。卡尔森是蒋介石和毛泽东共同的座上贵宾。

姚克（1905～1991），原名姚志伊，又名姚莘农，笔名姚克，全中国首份外文杂志《天下月刊》的编辑与主要撰稿人。他祖籍安徽歙县，生于福建厦门。也有人说他是苏州人，这是因为他对苏州的风物太熟悉了。姚克毕业于东吴大学文学系，业余时间主持过"东吴剧社"，是著名词曲家吴梅村先生的高足。20年代中期始，致力于优秀外国文学作品的介绍和翻译，在英美人办的《字林西报》、《密勒氏评论报》和《天下》、《亚西亚》杂志上频频发表文章，其后，又将精力转向中译英，重在向西方介绍鲁迅、萧乾、沈从文、郁达夫等中国现代作家的著作，1932年，姚克完成了《鲁迅短篇小说选集》的英译。1935年到1937年间，姚克翻译了歌剧《茶花女》、《卡门》等西方戏剧。1938～1940年，他渡海美国研习西方戏剧。

姚克早年成名，自我感觉一直很棒，多少就形成了他"天下唯我"、"藐视一切"、"独立特行"的性格。在出国前，他就是上海文化圈里风头很劲的活跃分子，政治上稍稍有点偏左，但在严格的意义上来说，既不算红色这一边的，也不算白色那一边的，无论哪边的请他帮忙。他都凭自己的独立判断决定取舍，从不跟风潮随大流，从不人云亦云勉强为之，他的座右铭是"能帮则帮，能救则救，决不害人"，小枝小节上落拓不羁，大是大非上寸步不让，他帮过共产党的忙，帮过国民党的忙，也帮过黄金荣、杜月笙、张啸林的忙，但没有帮过日本人的忙。因了他的写作成就、好客脾气、中立立场、做事作风，当年的沪上作家，差不多都是他家中的座上客，他的朋友，三教九流都有。

1940年年底，姚克完成了美国耶鲁大学戏剧学院的学业后归国。这一次回国，他带回了一位金发碧眼的英国妻子。姚克的举止十分西化，举手投足、谈吐表情，皆极其夸张，说着说着，冷不丁会跳出一串英文词句来。他的头发总是用发蜡整得服服帖帖，一小缕一小缕的，带着木梳的齿浪，在光亮里一闪一闪。他出门总是一身考究的白色西装、牙签条薄呢背心，裤缝笔直，皮鞋锃亮，还洒一些适量的法国男士香水。他不仅才华横溢，而且修长英俊，很有女人缘，在他的字典里没有"男女之防"这种字眼，他有许多的女性朋友，当中不乏与之有肌肤之亲的，他曾说："何为风流才子？风流才子一要有一流的灵气和才气，二要有一流的作品和气度，三要有一流的情侣和朋友。"有朋友笑侃他"你很花心"，他坚决反驳："什么是花心？彼此感觉好，你情我愿，这是人世间最自然不过的事情，怎可以用'花心'、'淫荡'这些恶劣的陈词滥调来亵渎这种美好的感情？！""花心？什么叫花心？不是随便什么人都可以花心的，你花心我看看？人家得乐意接受你的'花心'才是。我和与我亲近的任何一位女子，都是相敬如宾，都是水到渠成，都是灵犀相通。我从不强求，更不胡来。"在他的词典里，写着"才子不风流，不是真才子"一行大字。江阴籍老作家胡山源在1999年出版的《文坛管窥》中如是描述第一次遇见姚克时的情形："他西装笔挺,头发涂了'司坦康',梳得油亮亮的,皮鞋咯咯然震动着地板。"

学成归来,姚克兼任了上海剧艺社的编剧和戏曲顾问。

某天,姚克正翻阅上海剧艺社演职员的档案材料,他一页页仔细翻看,看到最后第三份,眼前突然一亮,就这样,他就从那一堆照片资料中,看到了艳光熠熠的上官云珠。对着上官云珠的照片,他端详了很久,他的感觉告诉他,这是一位不可多得的可造之材。于是立即叫人将她找来。来人告诉他,她不在,她被借去叶逸芳那儿拍电影去了。姚克当时的工作,一边在翻译《双城记》、《巴黎圣母院》,一边在起草历史剧《清宫怨》。有一次,他和黄佐临两人在寓所小酌,问:"我来剧社做顾问已有好几个月了,剧社的人差不多都已照过了面,却一直没有见到这位名叫上官云珠的人,这名字真好听。"

黄佐临告诉他,这是一位非常有趣、非常要强的女孩,来自苏南的乡下,今年才20岁出头,已为人妻,已有了一个六岁多的儿子,却一心一意想演电影。为了演电影,丈夫抱着孩子离家出走,可是她就是有办法让丈夫在最后关头向她妥协,转而支持她的事业。她特别聪明,记忆力特好,无论什么本子,无论本子有多长,过三个晚上,她都能将所有的台词倒背如流。这一阵子,她在叶逸芳那儿拍戏。她这次去拍戏,也是她自己去争取来的,基本上没有什么报酬,只拿很少的生活费。

姚克问:"只拿很少生活费?她的日子可怎么过?听说她的先生只是一个教书匠,她爹她娘都跟着她啊。"黄佐临道:"她的哥哥、姐姐都在上海,在中学里教书,会接济一点她。哦,对了,她的姐姐都三十好几了,长得很漂亮,非常有气质,也非常有才气,业余时间写了不少的小说,写得蛮不错,还没结婚。"

姚克道:"我们先不要提她姐姐,先说说她本人,我以为,她是一棵好苗子呢,如此倔强如此执著,如此聪明如此好学,人又长得楚楚动人,如果有人好好引导、好好帮助的话,日后必定大放光芒。"

黄佐临道:"英雄所见略同,我也特别喜欢这个女孩子。姚兄,在这里我就特别为上官云珠求个人情，就让你好好带一带如何？"

姚克爽朗大笑，道："黄兄，你这是抬举我呢，君子不夺人所爱，还是由你黄兄亲自教导的妥帖。"

黄佐临端起杯，与姚克对碰了下，一饮而尽，道："你这个'洋状元'，居然谦逊了。"

黄佐临派人寻着上官云珠的时候，只说了一句"姚克先生后天晚上要见你"，弄得上官莫名所以。因为，她不认识大名鼎鼎的姚克。叶逸芳也得到了这个消息，他当然为上官云珠高兴，就让她早些回去，嘱咐她明后两天不必来片场，关照她要预备一些妥帖的礼物、要好好思忖一下会见时该如何对答。上官云珠请求叶逸芳邀上黄佐临一道过来陪客，"免得出现冷场，怠慢了姚先生，给姚先生留下不好印象。"叶逸芳爽快地答应了她。

在家里接待客人，而且，这客人是三位戏剧界的帅哥，她很担心丈夫、爸妈会不予配合，就赶紧赶回去做他们的思想工作。

韦爸爸、韦妈妈对女儿"坚持要吃戏饭"这件事，一直是坚持着坚决反对的态度，一直是耿耿于怀。无数次语重心长劝说女儿，引致的却是无限多的难以化解、愈陷愈深的家庭烦恼，此种局面，谁都不想再继续，可还是不得不继续。本来是太太平平、和和睦睦、欢欢乐乐的一个家，为什么要弄得大家都别别扭扭、隔里隔阂？上官云珠原以为爸妈的工作会很难做，却没料到，她才跟他们介绍了几位客人的"了得"，他们便表示"决不会作梗"，"我们也是讲知识、懂礼数的人啊。"张大炎也表现得很大度，说"这几位都是我敬仰已久的人物，能与他们认识是三生有幸的缘分"，他答应"会跟校长请个假，争取早点回家陪大家一起喝几杯。"

第二天一大早，她就骑了自行车，去了郊外的农家，挑选了新鲜的猪肉、鲫鱼、螺蛳、鸡蛋、水芹、荠菜、雪里蕻、冬笋、走油肉、老豆腐、糯米酒，去了摇面店亲自摇了过五遍的馄饨皮。……忙乎了大半天，终于一切准备就绪。

盼着黄昏，黄昏降临了。雪天的黄昏来得早。暮色已笼罩，盼咐大炎早点回家的，他却到此刻仍不见人影，反比往日更晚回来，这不免让上官云珠有点堵心。

华灯初上，隔壁人家的半导体里播放着上海小热昏（流行江浙一带的曲艺形式）的节目，幸好今天没有拉警报，不需要灯火管制，否则，黑灯瞎火地，待起客来还真的会很麻烦。雪仿佛越下越大了，洁白的雪花飞舞在晕晕的路灯光下，像蝴蝶泉边满眼纷飞的蝴蝶。落雪不冷融雪冷，人站在雪地里，丝毫也不觉得冷。她扬起脸，伸展双手，在雪地里旋转，让沁凉的雪花落到脸上、脖上、掌心上，感受雪融肌肤的美妙。大约六点半钟的样子，她才看见客人远远而来。她大步流星迎了过去。左边是黄佐临，右边是叶逸芳，两人撑着伞，聊着天，并肩而行，黄佐临围着黑围巾，叶逸芳围着白围巾，一对翩翩公子——两人的围巾都出自于上官云珠的手工。"大雪的天，这么冷，让两位跑这么远的路赶过来，真是过意不去。黄先生、叶先生大驾光临，上官幸运之至，快请，快请……"她将手伸向左边，想先与黄佐临握手，令她没有想到的是，黄佐临却将空着的右手藏去了背后，来了个避而不握，她不免有点尴尬，就在上官云珠丈二和尚摸不着头脑的一怔间，叶逸芳哈哈大笑，道："我俩来得急，都忘了洗手了，不握了，不握了。"

上官云珠笑容可掬，道："就你们这些留过洋的大人物，才有这些稀奇古怪的规矩，我才不习惯打躬作揖捶肩拥抱这些虚礼呐。"一面说，一面就在前面引路。

走了一小段路，黄佐临冷不丁问："我说上官，你准备了几斤酒？"

上官道："五斤米酒、三小坛绍兴女儿红。"

黄佐临道："米酒够了，女儿红不够，不够，不够，大大地不够。"

上官笑道："我知道叶先生不大会喝，却不知道黄先生是海量，等会到了家，我让阿爹再去拷。"

叶逸芳道："黄先生的酒量与我差不多，也是一只酒苍蝇，沾酒就醉的。只是，还有一位客人却是千杯万盏喝不醉的。"

上官笑道:"还有一位客人?是哪位贵客呢?什么时候到?"但听身后一人接茬道:"是我啊!我早来了!怎么?不欢迎我这个不速之客呀!"

上官云珠回身望去,姚克恰从黄、叶两位的背后抬腰伸脖现身,原来,他是矮身藏在两人的身后,他的言语、他的表情、他的行状,活脱脱是一个好玩之极的顽童。上官奔过去,口说着"欢迎啊欢迎",礼节性地握住了他的手。

姚克道:"我说上官,你别忙抽手,我的手可冷着,正冻得十指僵僵,焐一会,焐一会,不然等会儿举不起酒杯。"

黄佐临道:"姚兄,你还真是'洋场恶少',可别吓着了上官姑娘。"

姚克笑道:"黄兄,我这是在给上官上第一课呢。要做一个优秀的电影明星,第一条就是要吓不着,就是要有不同于一般人的心理素质。"

叶逸芳道:"姚先生,您先别忙着焐手和上课,瞧你的背心,都快长出一座雪山了,快点将雪抖了。"

姚克道:"都是你们害的,让我躬腰曲背这么久,看看,看看,腰都快要断掉了。"说完,就极尽夸张地伸了个懒腰,"蓬蓬"有声地做了五六次的原地起跳,一大团雪抖落下来,"扑落"有声。

黄佐临道:"呵,是你自己说要给小上官一个惊喜的,现在怎么反过来说是我们害你的?好一个出尔反尔的'洋场恶少'。"

姚克笑了,道:"小上官,等会,你可得多敬敬我这位'洋场恶少',是'洋场恶少'创造了三位留洋戏剧家、电影家同时走访一位小朋友的天下奇观。"

叶逸芳道:"如此说来,黄导的考虑是欠周到了,这种场合,应当招几位搞新闻的朋友一道来的,那样,明后天的报纸一定会非常热闹。"

黄佐临道:"的确,这是一条可以轰动上海滩娱乐界的大新闻。"

姚克道:"不妨事,不妨事,等到了小上官的家,我立即打电话叫几个过来……只是,菜肴够不够?酒饭够不够?"

上官听姚克这么说,脸上一红,道:"姚先生,真不好意思,我家没装电话呢。还有,我们的屋子太小,只能放一张小桌子,来的人多了,就怕连站的地方都没有了。至于饭菜,有巧妇在此,不愁不够的。"

姚克道:"呵,将来要红遍上海滩的,怎么可以不装电话?明天,就明天,我就打电话给电话公司,来给你装一个。我说叶先生,装机的费用可得由你来解决,听说小上官在你那里拍戏,你给的报酬是少之又少、少得可怜,比打发叫花子强不了多少,你这是马克思所说的残酷剥削啊,这回,可得让你出点血,该不该?"

叶逸芳不免有点尴尬,"这个这个,我这个……上有董事长、总经理、制片主任……"

黄佐临道:"姚先生,你就不要与叶先生开玩笑了,这样吧,装机的钱就先由我们三个人平摊,待上官红了,再加倍奉还。"

姚克道:"加倍奉还?我最喜欢加倍奉还。黄兄,这样赚钱的买卖我要独自做,谁都别来掺什么份子,我一人投资一人得利,到时大家可别眼红。"

一行人说说笑笑,走进庆福里18号。然而,方才大家那一阵子的笑笑闹闹,都落到了一个人的眼睛里。这一个人,就是上官云珠的丈夫张大炎。他其实早已下了班到了家门口了,他就躲在不远处的巷子里,一眼不眨地窥望着自己家的家门。

什么叫做伸长脖子看、竖起耳朵听?这就是。

小小的四方桌,摆了白斩鸡、皮蛋、猪耳、猪口条、爆花生、腌芹菜等八只冷盆,显得特别丰盛。韦爸爸陪着客人先喝起来。上官云珠道:"也没有什么好东西招待三位贵客,我是乡下人,从乡下来,就弄几只乡下的家常小菜,千万不要嫌不好吃。冬天日长,你们一定是饿了,我先煮几碗馄饨。在我们的家乡,在正月初一,每家每户是必裹馄饨的,名曰'堆财馄饨'。吃了馄饨,就能和和顺顺、红红火火。"言毕,便与韦妈妈去了灶间。

上官云珠说话的时候,姚克一眼不眨地盯着她看,她的声音是那么的清亮悦耳,她的举止是那么的大方得体。身材的确是稍嫌矮小了一点,面容体态却绝对一流。她的鼻梁挺且直,洋溢着阳光般的自信。她唇红齿白,有着一双特别美丽的杏核眼，内角圆润而微微上挑，外角尖细而隐隐斜走，眼眶不是一段弧线，有一个波浪似的弯度，仿佛老是在会心地笑着。

黄佐临、叶逸芳酒量不行，就挑了糯米酒喝，韦爸爸非常能喝，在乡间有"酒鬼阿樵"的诨名，就陪姚克喝绍兴女儿红。两个喝糯米酒的一小口一小口地品咂，两个喝女儿红的是满碗半碗地对干。姚克是个天生的演说家，擅长没话找话，引领话题，更善于博引旁征，长篇大论。如此，黄佐临、叶逸芳两个就成了陪客，竟是插不进半句话去。

待等上官将馄饨盛在两只青花瓷碟中，笑盈盈地端上桌，他们半鬏绍兴酒已经下了肚。云雾般的蒸汽从碟中升腾而出，屋子里弥漫了麻油与荠菜的香气。

借着点酒劲，韦爸爸毫不谦虚，道："不是我老韦头卖嘴，我家小弟弄的吃食，没一人不夸，没一样不好吃的，这荠菜馄饨么，不说天下第一，也是地上第一。"未待上官将碟儿放稳，他就伸过筷头抢在前头动手撺了一只，上官云珠见状，赶忙悄悄踢了他一脚，韦爸爸瞪了她一眼，道："小弟，你做啥？你阿爸岂是个不懂礼数的人？我是为尊贵的客人们撺的。"一面说，一面将馄饨送到姚克面前的空碟子里。"姚先生先尝尝，姚先生先尝尝。"话毕，又想为黄佐临和叶逸芳夹。上官又踢了他一脚，皱眉道："阿爸——"声调是十二分的娇嗔，"你这是我们乡下人的礼数啊，在大上海，可不作兴这样的，你这样夹来夹去，很不卫生的，你以为你这是热情、是客气么？你这是土气加俗气，是没有知识、没有文化。——黄先生、叶先生，请一起用"。三位客人呵呵呵地笑，齐道："韦老先生，上官说的有道理，这就是乡下与城里的区别，乡下的朋友见城里的朋友不给他夹菜，便以为城里的朋友小气，城里的朋友见乡下的朋友拼命给他夹菜，暗地里就厌他俗气。"

姚克吃了一只，品味良久，抿了一口酒，接着就连撺了三只，不住地点头，道："韦老先生说的没错，你家小弟丫头弄的这个馄饨，还真的当得起'天下第一、地上第一'。不过，依我看，你家小弟在照相馆做开票员是一回事，在家做主妇是一回事，上舞台银幕演戏演电影又是另一回事。问题的关键是，做哪行才更有前途更有出息、做什么才是她最喜欢最开心？一个十来岁的小孩子，可以让他下地种田，可以让他在家照看弟妹，可以让他站街买卖小玩意儿，可以让他外出拜师学手艺，可以让他上学读书。但如果这孩子本身喜欢读书，而家境又许可，聪明的家长都会让孩子上学读书的。"

姚克喝了酒，高谈阔论是他的强项。他与韦亚樵碰杯，一饮而尽。"韦先生、韦太太，你们说，我说的对不对？"

未待韦爸爸、韦妈妈接嘴，姚克又道："韦先生、韦太太，你们看黄先生、叶先生，还有我本人，都是怎样的人？是不是坏人？是不是最末等的人？"

韦爸爸、韦妈妈赶紧哈腰，赔笑不迭，忙道："姚先生说笑呢，什么坏人、最末等的人，三位都是天上派下来的文曲星哩，都是大好人、有出息的人，我们平民百姓，就是修八辈子也修不成这样的正果啊。"

姚克连搛了两只馄饨，慢条斯理、津津有味地咀嚼、吞下，赞着"真正好味、真正好味"，与大家碰了一圈杯，干了一杯酒，续道："可这位黄先生、这位叶先生都是戏子圈里的人呢……"他又用手指点点自己的鼻子，续道："在下也是半个戏子……"侧头看了看站在一旁为大家斟酒的上官云珠，"你们家小弟，现在最多只能算是一个票友，还算不得是真正的演员，离真正的演员还差了十万八千里呢。"顿了顿，再道："这桌上没一个坏人、没一个末等人，可见，演戏的不是坏人，也不是末等人。"

韦爸爸、韦妈妈接不上话头，颇是尴尬。

姚克见铺垫工作差不多已经完成，接着道："我不喜欢曲里拐弯，我就喜欢直话直说，早就听说两老天天都在埋怨上官，我知道，你们埋怨上官，反对她演戏，也是为了她好，可怜天下父母心哪！但是，我要说，你们是大错特错了。我们三个，一个是从法国回来的，一个是从英国回来的，一个是从美国回来的，家里也都是好出身，学的却都是电影和戏剧。我们路远迢迢赶去外国学这些，是因为我们中国的电影戏剧已被外国人甩出了很远很远，我们不甘心我们永远落在人家的后头，我们要把中国的戏唱到外国去，要把中国的电影放到外国去。

然而，我们要演好自己的戏、拍好自己的电影，就需要一大批优秀的演员。现在，我们三个，一致都看好你家小弟，认为是可造之材，我们看好她，也看重她。正因为我们看好她、看重她，所以，今天，我们三个特意一道来府上，来赌一把。我们赌韦先生、韦太太一定会听我们的劝、我们赌上官一定能够成为梅兰芳、马连良一类的一流人物。"

韦爸爸、韦妈妈是土生土长的江南乡下人，平常只爱锡剧、苏州评弹、越剧和上海小热昏，几乎不曾接触过京戏，就问："您说的梅兰芳、马连良这两位是……"

黄佐临、叶逸芳争答："是光绪皇帝、慈禧太后点戏要看的京剧名角。"

韦爸爸、韦妈妈转头看定上官云珠，心有所动，道："难道她真的会有这样的福气？难道小时候为她算命时，算命瞎子讲她见得着皇帝的话不是蒙人的胡说八道？"

上官云珠看姚克三个将她父母蒙得一愣一愣，微笑不语。

酒酣耳热，姚克趔趄着站起来劝酒，突地就看到了对面墙上挂着的一把二胡，就道："不知道韦老先生还会拉二胡，拉几曲助助兴如何？"

此时的韦亚樵已经是醉眼迷离，听了姚克的提议更来了劲，口中说着"拉二胡，我是长泾街上第一、江阴城里第一、无锡城里第一、全江南第一，我就来拉一首最最拿手的《紫竹调》"，人却已与椅子一起，跌翻在了地上。

韦妈妈急急跑过来，扶起韦爸爸，道："莫见笑，莫见笑，各位大先生千万莫见笑，我这老头子，就是一个见不得酒的酒鬼，只要嘴唇一碰了酒，就没一次不出洋相的，让大先生们见笑了。小弟也会拉的，她比她爸拉的不知要好多少呢，小弟，过来，过来，你来拉几曲让大先生们听听。"

上官云珠答应一声，道声："献丑了，请各位方家多多指教"，摆了椅，取了琴，正襟危坐，调弦启唇，竟是边拉边唱：

一管紫竹轻摆摇，

梦里依稀谁吹箫。
花落有几度，
花开有几朝，
难忘家乡紫竹调。
问哥哥呀，
绿水可在心中流。
问妹妹呀，
白帆可在眼前飘。

缕缕春风微微笑，
江南处处花似潮。
小伙夯歌豪，
姑娘插秧忙，
田间传来紫竹调。
问哥哥呀，
小麦何时打上场。
问妹妹呀，
萝卜几时可炖汤。

潇潇春雨悠悠飘，
阡陌处处山歌声。
笑声波中撒，
渔歌浪里来，
水面荡起紫竹调。
走天涯呀，
难忘江南家乡好。

走海角呀,

难忘故乡紫竹调。

紫竹开花七月天,

小妹妹呀采花走得忙。

手拿紫竹篮末,

身穿那紫竹衫。

美丽的紫竹花末,

戴也末戴胸前。

采了一山又一山,

好像彩蝶嬉花间。

采了一山又一山,

好像仙女在人间。

旋律清澈明朗、欢快流畅,演唱委婉畅亮、生动大气。

姚克、黄佐临、叶逸芳听得如醉如痴。他们三个,此前谁都不知道上官还有这一手绝活。一时,在场的男人心中,个个都加重了对上官的看好。上官一时兴

上官云珠与姚克相识交往,就成了小报上的绯闻

起，又紧接着拉唱了《无锡景》、《对鸟》、《除夜小唱》和《蚕豆开花黑良心》。

宴毕，上官又沏了碧螺春待客。因了上官方才的演唱，大家的话题便围绕着民间小唱、民间音乐展开，于是，叶逸芳便提起了无锡阿炳，于是，大家便相约，隔几天，结伴去听听阿炳的二胡。上官道："无锡城，我熟得不得了的，我陪先生们去。"

欢乐时光快，郁闷岁月慢。黄佐临不习惯熬夜，一看怀表，已过了凌晨一点了，便起身告辞。姚克道："呵，天下没有不散的筵席，我们且期待来日的再聚。"

上官过意不去，执意要送诸位一程。不知不觉间，却是送了一程又一程。黄佐临、叶逸芳半路已到家，到最后，就只剩下了姚克一个人。送别姚克，上官折返，却是七转八弯迷了道。正当无计可施时，身后却响起了姚克的爽朗笑声。原来，姚克到了家，喝了一盏咖啡，蓦地惊醒，上官还是一个新上海人，今天这样七转八弯，会不会找不到回家的路？还真是心有灵犀一点通，上官居然真的是迷了路。于是，姚克与上官，就上演了一折民国版的"十八相送"。

醋海起波澜

首次邂逅姚克，姚克就给上官云珠留下了非常深刻的印象。姚克就如一块充盈着磁力的磁石，不可抗拒地吸引了她。此人直心直肺，热情洋溢；不拘小节，落拓不羁；仗义疏财，古道热肠；才华横溢，桀骜不驯；心胸敞亮，简单赤诚；精力旺盛，生龙活虎。总之，在他的身上，是处处在释放着男子汉的豪迈气概。更令她折服的是，此人酒语醉舞，亦庄亦谐，玩儿一般地，就将她和父母之间郁积于胸的死结，一下子解了开来。

夜色深沉，寂静无声。上官云珠躺在床上，没有一丝一毫的睡意。低支光的床头灯，缓释着橘黄色的光芒，暖暖的，有甜味似的。

她努力不去想刚才"十八相送"的情景。

在这漫天飞雪的季节里，老家小院里的紫珠花或已缀满了枝条？不知儿时最要好的小姐妹张静是否已嫁了人？嫁人未必要嫁家里富的、长得俊的、有身价的，要嫁就要嫁随和贴心的，可别像我，嫁了个有理讲不通、声声唤不醒的人。

如果有机会，一定得让大炎与姚克见上一见，两个都是固执的人，但他们的固执有着本质的不同，一个是认死理的固执，一个是讲道理的固执。姚克的固执一定会战胜大炎的固执。怎么又是姚克？你与姚克才第一次见面耶，为什么老要念着他？

姚克是怎样的一个人？人人说他是"洋场恶少"，他恶在哪里呢？我怎么就没有看到？

上官云珠坐在床上，静看投在墙上的自己的剪影。睫毛在微笑，嘴唇在微笑。她饶有兴趣、乐此不疲地鼓弄笑的睫、笑的唇。

夜色深沉，寂静无声，她迷了路，在街头团团乱转。"想你迷了路，还真迷了路。"努力不去想刚才"十八相送"的情景，那情景偏要映现于心幕。在笑意融融的声音里，一件宽大的西式大衣披上了她的肩膀，有股好闻的烟草味，还有股若有若无的香水味。大炎从来不抽烟，也从来不洒香水。

上官云珠取过一本杂志，想读一会再睡下。翻了几页，一个字也读不进去，只好丢下。

夜间的雪花，在昏黄的路灯下，格外的大，格外的白，也格外的密。雪夜里唯两个人在漫步，并肩漫步。一个是男人，一个是女人。一个男人是姚克，一个女人是上官云珠。都没有打伞，雪花落在脸上，清凉清凉，惬意得很。

四更天的雪夜，我送着你，你送着我，有点羞涩，有点罗曼蒂克，夜色掩盖着羞涩，夜风激活着罗曼蒂克。

"平时爱看书么？"

一折张去姚来的现实活剧已经开幕了

"爱的。"

"做不做笔记?"

"有时做的。"

"知不知道当演员的应当怎样看书?"

"不知道。"

"做演员的看书,应当对着穿衣镜看。"

"您的意思是,要一面看一面将自己当作书中人?"

"没错,最好将书中所有的人都默做一遍,男的、女的、老的、少的、恶的、善的、花花肠子的、直心直肺的……"

"您就是这样读的?"

"是,不过,读头一遍的时候不是这样,一般要到读第三、第四遍时才这样,这对我编剧、写文章帮助非常大。"

"我家里没有穿衣镜。"

"没有穿衣镜没什么关系,你可以去乡野清澈的池塘边读,也可以将自己的心当作穿衣镜的。"

……　……

张大炎竟然比她更晚回家,他满身都是呛人的酒臭和烟臭。

她想问他这一晚究竟去了哪里,想问他平素烟酒不沾的,今天为何是又烟又酒,想问他都和谁在一起。可他一进了房门,就和衣钻上了床,才躺下便已鼾声如雷。

她想了一想,就已知道了事情的原委,不由就想,一个男人,怎么可以这样子没有风度!

她为他脱去了衣服和裤子,为他洗了脸和脚,为他倒了一杯白开水在旁边。

他的睡相,就如一头懒惰的猪。

都是大炎的鼾声害的,害了她心烦意乱,辗转反侧,一夜无眠。

虽然一夜无眠,却并不影响上官云珠第二天的精神状态,她在片场的表现与往日并无二致，依然活跃活泼。轮着她上戏的时候，她从容不迫，专心致志，没有戏份的时候，她忙前忙后，无怨无悔。

午后，袁雪芬来探班。上官抑制不住兴奋的心情，连珠炮似的向她报告了昨晚与姚克、黄佐临、叶逸芳聚会的经过。听到这样的消息，袁雪芬道："好事，好事，真是一件好事。你要坚强，要挺住。我要送一句话给你，要将'认认真真演戏，清清白白做人'牢记在心里，要将'演戏是一件很高尚很高尚的事'牢记在心里，有什么比将欢乐带给大众更高尚的呢，你说是不是？"上官听了，滋润在心底里，道："好妹妹，我全听你的，全听你的。"临别，袁雪芬指点她："戏内要'喜形于色'，戏外要'不露声色'。"

送别了袁雪芬，上官云珠取出话剧脚本，在片场温习台词、揣摩表演。她不仅试演自己担当的角色，也试演其他演员饰演的角色，她要实践姚克教给她的读书法。虽然面前没有穿衣镜，也没有池塘，但阖上眼，同样可以感受到自己的表演可以打几分。这姚先生，绝不是浪得虚名之辈；这读书法，当真是十分有用。她将自己幻化做了一朵徐徐绽放的鲜艳花朵。

姚克说要为上官云珠家装一部电话机，原来并不是随口说说的。他酒醒后想起了这事，就真的差人去电话公司办了装机手续，第二天的午后，上官家的电话就装好了。

傍晚，张大炎先到家，问岳父岳母这是怎么一回事，他们一五一十告诉了他，并劝他"还是顺着她的心意让她去演吧，就别要反对了。"他郁闷得不行，就去厨房间寻了他们昨晚喝剩的酒，一股脑儿地往喉咙里灌，想：什么事都不来跟我商量，什么事都不让我晓得，在这个屋子里，我是一个多余的人呢！这个电话怎么可以说装就装呢！他姚克的钱多得没处花，可以捐去育婴堂、孤儿院、民福医院，他怎么可以这样做？这分明是在明目张胆的横刀夺爱啊！这是在用刀子捅我的心窝！我是没本事，我是窝囊废，这电话机，我的确是装不起，也用不起，但是我，我张大炎，穷得有志气，悲只悲，这志气在老婆韦亚君的眼里是不值一分钱；千不好，万不好，当初就不该让她去何氏照相馆上班，她

巧笑倩兮的上官云珠

一个人的工钱顶了我张大炎三倍，她就自以为了不得了，俨然就成了这个家的女皇帝了，我堂堂张家大少爷还不如一个上门女婿。

韦爸爸、韦妈妈见他这样，劝又不是，不劝也不是，面面相觑，无可奈何。

一会，上官云珠到了家，看丈夫发神经的样子，只好直摇头。她走过去夺他的酒瓶。张大炎眼神定定的，半傻不傻的样子，却是颇是听话，他放下酒瓶，抬起一双血红的醉眼，道："小弟，我的爱人，我最最亲密最最亲密的爱人，我正在庆祝你梦想成真呢，我们家都已装上了电话机了，已有大财主家的派头了，我好高兴呀，好高兴，打从心底里头高兴啊！从此以后，我们这个家的荣华富贵，就有了希望了。你放心，你尽管放心好了，我，张大炎，会妇唱夫随的，再不会从我嘴里说出半个'不'字来了，我保证。嗯，你跟我说说，哪天会让某个男人给我们家买部汽车来？开着汽车去兜风，那才叫风光！"说罢，趔趄着脚步，去了床边，连衣带鞋钻入了被窝。

上官云珠皱紧了眉头，心中打翻了五味瓶：这丈夫，怎么变成了这个样子？长此以往，如何是好？

晚饭已经做好，上官云珠叫丈夫起来用餐，叫了好几遍，都没有反应。她知道，他那打雷一般的鼾声都是装的。他就是这样一个人。世间没出息的男人大约都是这个样子。

正在这时，电话铃响了。这新装电话以后的第一个电话，不用问，就知道是谁打来的。上官云珠走过去，取下话筒，一听，果然是他，是姚克。姚克来电，一是为了证实电话公司今天有没有真的来安装电话机，二是通知她已帮她在叶逸芳那里请好了假，明天六点，准点去无锡，让她明儿一早去火车站，他们在那里等她。

韦爸爸韦妈妈第一次见识电话这玩意儿，好奇得不行，在一旁竖起耳朵听。

夜晚，夫妻俩躺在床上，一开始是背对背各归各睡，未几，张大炎就转过身来，将她扳了过去。张大炎抱紧她，死死地抱紧她，恨不能将她合成自己不可分割的一个部分，他借着酒意，一直说着"你不要离开我，你不要离开我"的话。上官云珠又是好气又是好笑，道："瞧瞧，都快三十好几的人了，还像一个不懂事的小孩子一样，我什么时候说过要离开你了？我干吗要离开你呢？老话说得好，百年修得同船渡，千年修得共枕眠，我们的姻缘是前世注定，我们会好一辈子的。"张大炎道："我就是担心，就是担心你会离开我。你要原谅我，之前的种种，一切都是因为我担心。"上官云珠搂紧了他，道："我知道，我知道，我什么都知道，可你的担心，根本就担心的一点道理也没有。"张大炎道："你不知道电影圈有多么的险恶，今天，我还是要劝你，劝你快快回头。"上官云珠道："我怎会不知道电影圈的险恶？如果不知道那水有多深多急，我敢往下跳？"张大炎道："那你知道阮玲玉是怎么死的？杨耐梅近况如何？"上官云珠道："知道，我知道得一清二楚，阮玲玉死于三角恋，杨耐梅悲于穷奢极欲。她们的悲剧，原因都出在她们自己的身上，她们没有把握好自己，这种事，绝不会发生在我的身上。"张大炎道："那你为什么要让姚克为我们家装电话机？"上官云珠道："我没有接受，根本就没有接受，我以为他不过是说着玩的，谁

著名导演黄佐临

知道他真的去联系了电话公司？姚克说这事的时候，我爸、妈、黄佐临、叶逸芳都在场，大家都当他是说笑话，不当真的。现在，不装也已经是装了，你说怎么办？如果叫电话公司来把电话拆了，将装电话机的钱退还给姚克，那会弄得大家都非常难堪。我的想法是，由你出面来写一张借条，等我们手头有了积蓄，就去把装机费还给他。"张大炎道："这事也只好这么办了，但我要给你一个忠告，以后不要与他走得太近，这人，一看就是一个花花公子。"

上官云珠道："做一个男人，你不能这样小气。你这样说，分明是不相信自己的妻子，什么叫走得近？什么叫走得远？难道你愿意所有的异性同事都对你一脸冰霜？请你放心，我会把握好自己的，我们韦家的女人，没一个坏女人，家是家，丈夫是丈夫，同事是同事，朋友是朋友，我会分得清清楚楚的。"

无锡之行

作为后人，我们来缅怀姚克、上官他们的这一次聚会，会觉得很有意思。十几年后，黄佐临执拍的戏曲故事片锡剧《双推磨》揉入了许多江南小调的元素，叶逸芳执编的古装歌舞故事片《三笑》直接引入了许多江南民歌的曲调。

上官云珠原以为这一次的无锡之行，是姚克、黄佐临和她的三人行，或者还邀请了江阴刘天华半路会合。到了火车站，她才知道，黄佐临临时有事，去不了了，刘天华没有联系上，这样，就成了她与姚克的双人行。一个孤男，一个寡女，彼此又不是很相熟，不免就有点局促尴尬。排队候车的时候，车站人员见姚克气度不凡，上官云珠靓丽可人，两人衣着不俗，十分登对，便过来讨好领路，直呼俩人"先生、太太"，姚克派头十足地给了他一把小费。时值汪伪清乡时期，一路上设了许多的检问所，包括在车厢里的入口处，几乎所有的检问人员都直呼他们为"先生、太太"。这种称呼叫得上官云珠面红耳赤。

上了车，坐停了，姚克就问："小上官，你脸红了？"上官云珠道："我们本来就不是夫妻嘛，给人家这样乱喊一气，当然难为情了。"姚克道："做演员要演什么是什么，一个'像'字最要紧。"上官云珠道："我同意姚先生一半的观点，我以为，演戏就是演戏，生活就是生活。"姚克道："小上官，你误会了我的意思了，我的意思是，生活中有戏，戏里有生活，要在生活里学戏，在戏里学生活。如果你将演戏和生活截然区分开，怕演不好戏呢。我始终都认为，人生如戏，戏如人生。"姚克又道："你细细观察这个社会，无论官场、商场，还是村野、市井，任何场合，都有许许多多演戏的情节夹杂其中。不如这样，我们就把今天的活动当作一场戏，演一对热恋中的情人如何？"上官云珠面露尴尬，犹豫了好一会，心想，反正今天是当天来回，又是大白天的，在大庭广众之中，没什么可以担心害怕的，便道："可以的。我就来试演一回，回去后，您要给我打分。"言毕，就以"入戏"的姿态大着胆子钩住了姚克的膀子。姚克道："演戏的三要素是情节、环境与心情，三者必须配合得严丝合缝。心情对，表情、动作才会对，演出来才会自然贴切，真实感人。这就是行内俗说的'入戏'。"上官云珠道："姚先生，您的意思是说，演戏的时候要像鬼魂上了身一样，将自己变成另外一个人？过去，我一直在学习别人怎么演，听您这一说，原来是错的。仔细想一想，您说的真的是对极了。"姚克道："我们现在是热恋中的情人，热恋中的情人有你这样'您您您'地'您'、'先生先生先生'地'先生'个没完的吗？"上官云珠道："是，遵命。先生，阿拉马上改口喊'侬'。"姚克笑了，道："不可以用'阿拉'和'侬'，台词必须要用国语说。"

两人正聊着天，突听车厢后面有人在大声喊"姚Sir、姚Sir"，姚克回头一看，原来是商务印书馆的董事长张元济老先生。张老先生带着几位同事，是去南京一位藏书家处洽谈购印一批元代杂剧的事宜。"要说沪上文化界名人，那位张老先生才是真正的名人，我得过去与他聚谈一会。"姚克对上官云珠道了声"失陪"，就走了过去。

因为前几天几夜都没有好好地合上过眼，姚克一离座，上官云珠就不由自主地打起了瞌睡，等她被姚克叫醒，已是到了无锡车站。姚克牵着她的手下车的时候，她发现自己身上多了一件衣服，是姚克的黑呢风衣。前天的那个雪夜，这一袭大衣已曾温暖了她一次了。姚克，这个在想象中曾经是那么高不可攀的大名人，一夕之间，却成了可以频频交往的人，真正如在梦中。她想将大衣取下来交还给他，姚克制止了她："外面风大，有点冷，你穿得太少了，披着吧。"

火车站距崇安寺并不很远，上官云珠问了三个从崇安寺那边过来的行人，就已打听清楚那个拉琴卖唱的老汉此刻正在崇安寺前卖唱。

姚克惊诧于上官云珠怎么能够说一口标标准准的无锡话，上官对他说，我会说的方言多啦，常州话、苏州话、上海话、长泾土话，加上北平话，至少会说五、六种呢。

临近崇安寺，姚克提议先挑一家路边店去打听打听那位卖唱老汉的生平，"创作与生活总是联在一起的，生活态度决定作品品位，尤其是那些民间音乐人。"在一家烟杂店，姚克掏钱买了三包美丽牌香烟、一包葵花子、一包南瓜子、一包糖橄榄，老板和伙计就都非常的热情，争先恐后地告诉他们想要了解的一切。

"什么老汉、老伯伯啊，他只是看上去有点老罢了，他的年纪并不大，属蛇的，今年就是蛇年，是他的本命年，他才48岁。他是一个私生子，一生下来就是一个小道士，他长到17岁才知道自己的师傅原来是亲爹，他老爹早先头里是洞虚宫雷尊殿的当家道士，名叫华清和。""他的胡琴拉得好，笛子也吹得不错，他还会三弦和琵琶呢，反正，那些道士该会的乐器家什，他都会。""这个人，落到卖唱讨饭的地步，都是他自己不好。本来，他老爹死了以后，他就接任了雷尊殿的当家，日脚蛮好过的。雷尊殿里的香火，一直很旺，他们每年的香火钱，真要比我们开小店的多得多，他们是没本钱的买卖，赚头很好的。可他不学好，仗着观里有点观产，以为吃着不完，就到处白相，先是嫖上了青楼里的妓女，再是吸上了逍遥馆里的鸦片，后来还与一帮地痞混混滥赌死赌，总之是五毒俱全。他拉的可全是苦曲子，这样的曲子，也只有他能拉得出。想想也是的，本来是一个眉清目秀、不愁吃穿的人，因为长梅毒弄瞎了眼睛，因为吃鸦片弄瘸了一条腿，因为不学好沦落到了流落街头讨饭，是够苦的，但他这个苦，苦得活该！""他苦什么苦啊，想当初，什么风流快活的事他没享受过？与他比起来，我们这一辈子算是白活的。""这种苦曲子不可以多听的，多听了会沾上晦气，会倒霉。他在那里卖唱，只有那些不知道他底细的外地人才会给他大把大把地扔钱。我们本地知道的，最多只给他端一碗粥半碗饭过去，从来不给他钱。你们不知道，他这个人，只要衣兜里一有了钱，一定又会去寻街边的娼妓的。我清楚地知道对面弄堂里的小六妹、小安徽是怎么死的，那时瞎子阿炳已经被赶了出来，已经是非常的潦倒了，可他还是缠上了小六妹、小安徽，隔三差五要过来鬼混，不从他，就狠命追打，结果，小六妹和小安徽也过着了梅毒，还过给了她们其他相好的，害得这两人都横死街头。他这个苦，是他自找的，没什么可怜的，一点也不可怜。等会你们过去听，千万不要上他的当，要给钱，少给点，一两个铜板意思意思就好了。可怜这种人，不值得，一点也不值得。""阿九头说得一点也没错，他这个人，真的是没药可救的了，前年，我老家江阴北漍的一个寡妇名叫董彩娣的跟了他，总想有人管了，他的恶性会收敛一点了，可他还是老样子，有了钱照样还是要去嫖，而且还要让董彩娣领着他去，董彩娣若是不依，他就破口大骂，高举起拐杖没死没活的乱打。"

听到"北漍"两字，上官云珠心头一动，原来，这瞎子阿炳的苦难伴旅，与我是同一个地方的人（长泾北漍是相邻的两个镇子）呀，便问："这瞎子阿炳这么坏，这董彩娣为什么还要跟他呢？"

瞎子阿炳曾是无锡洞虚宫雷尊殿道观观主

瞎子阿炳与同居寡妇董彩娣的遗像

烟杂店老板道："这董彩娣原是北澖街上皮匠钟阿四的老婆，她为钟家生了两男三女。五个孩子都还很小的时候，钟阿四忽就生病死了。钟阿四是个穷手艺人，没多少积蓄，也没啥祖产，她一个妇道人家哪养得活这么多的孩子啊？就只好把女儿送人的送人、做童养媳的做童养媳，把儿子托付给了自己的姐姐抚养。她自己呢，经熟人介绍，只身一人到了无锡城里的一个北澖人开的鸦片烟馆里帮佣，也兼做一些皮肉生意。那时，阿炳常去那家烟馆吞云吐雾，他派头十足，出手阔绰，董彩娣没少得过他的恩惠。一来两去，两人就混得很熟，阿炳替换下来的衣服，差不多都交给她去洗。后来，董彩娣老了，被辞了工，想再去寻工，却因为又老又丑，再没有人要。寻不着工，她也想回老家去，可老家已一无所有。她没有办法，就只好在无锡城里靠捡破烂过日子。后来，阿炳也落了难，沦落到了沿街乞讨的田地，董彩娣看他比自己更可怜，想起他以前的好处，就跟了他。"

浮雕：永远的二泉映月

烟杂店老板和伙计的这一番述说，让姚克和上官云珠唏嘘不已，将专程赶来无锡听阿炳演奏的好兴致全给破坏掉了。姚克道："这种人谱的曲子，想来也好不到哪里去，不听也罢。我们还是去惠山或者鼋（音，yuán）头渚转一圈吧。"上官云珠道："今天风大，太湖那边会很冷，还是去惠山的好。"

惠山有四大宝：一宝是环山有一大批的历代祠堂、牌坊和碑刻，古色古香，风格各异，徜徉其间，恍如步入中古时代的黄金岁月；二宝是山麓那座相传由西域僧人慧照始建于晋朝的禅宗道场惠山寺，古木参天，僧舍连绵，曲径通幽，穿梭其内，直若置身世界大同的海天佛国；三宝是惠山寺内那眼由茶圣陆羽亲自品定，苏东坡慕名多次前来品茗，由元代赵孟頫、清代王澍题写泉名的"天下第二泉"；四宝是闻名天下的各种人物、动物都拿捏得惟妙惟肖的惠山泥人。

姚克是个考古迷，一入祠堂、牌坊、碑刻区，就逐一仔细观摩考究，并取出纸笔，不时速记速画，有时，对着一个字符、一个图案，都要研究很久很久。上官云珠站在旁边，随着姚克的视线转。姚克说："在这个地方，就是留下来十年，也是不够的，可以挖掘出很多很多的好东西。"上官云珠初中没有毕业，碑、匾、柱、楣、额、厅、堂中的许多字都不认得，就嘲笑自己像个"傻瓜"。

在他们东张西望、走走停停、寻寻觅觅的当儿，很有一些正在玩耍着的当地的小屁孩儿跟了过来，七嘴八舌为他们领路。姚克弯下腰，不顾弄脏身上的衣服，一个挨一个地抱他们，上官云珠取出刚才没有食用的那几包葵花子、南瓜子、糖橄榄分发给大家，小屁孩们不迭道谢："谢谢先生，谢谢太太。"一个男孩说："长大了我要与这位先生一样神气！"一个女孩说："长大了我要和这位太太一样标致！"一个男孩说："长大了我要娶与这个太太一样漂亮的女人做老婆！"一个女孩说："长大了我要嫁和这位先生一样英俊的男人"姚克、上官云珠看这些小孩子如此顽皮，如此率真，都笑出了眼泪。

转瞬就过了吃中午饭的时间，上官云珠看他全神贯注，忘了时间、忘了肚子，就去街上买了三笼小笼包子回来。她自己吃了一笼，两笼就让姚克承包。姚克道："你把我当成猪了。"上官云珠道："我就是想把你吃成一头猪。"食毕，姚克欲掏钱付账，上官云珠制止了他，道："上午的花销都是你包了，下午的，该我来包。"姚克道："我是男人耶，女人跟男人出门，哪有女人掏口袋的？不行，不行，万万不行。"上官云珠道："你是我的老师，我是你的学生，老师领学生外出，哪有全花老师的，不通，不通，就是不通。"

姚克"刷刷刷"地在本本上写啊画啊，很快就将带来的本子用完了，仍意犹未尽，就道："小上官，麻烦你，帮我去买两本来。"上官云珠得意地笑了，笑得格格响，道："两本不够的，起码要三本。"说毕，将反背着的双手转到前面，变戏法似的，变出了三本与姚克手中一模一样的本子。"喏，给你！"原来，她在刚才上街的时候，就已经为他买好了。姚克惊喜万分，情不自禁就张开双臂，紧紧地拥抱了她。上官云珠猝不及防，双颊泛起一片红潮，迅速地挣脱开来，急得"你、你、你"说不出话来。姚克赶忙缩手，连声道歉，道："我就像喜欢自己的亲妹妹一样喜欢你，你可不要误会。"上官云珠道："我不是你的妹妹，是你的小学生。"姚克道："好好，那么老师就给你上一小段课，就以你刚才为我买的三本本子做教材。一个一流演员的本事是能入戏，一个超一流演员的本事是能出戏。我的本子用完了，我让你去买，你去买了，就好比入戏；我的本子用完了，我没让你去买，你自己去买了，给了我一个惊喜，就好比出戏。道理我不来细说，你自己体会体会，比较比较入戏与出戏孰高孰低。"上官云珠是个冰雪聪明的女子，听了不住地点头，直有"听君一席言，胜读十年书"的感慨。

姚克将时间拿捏得很准，看看太阳的位置已经差不多了，两人就去了惠山街上的泥人店。难得来惠山一次，怎能不带几尊惠山泥人回去呢？路边一家泥人店的伙计眼尖，见两人联袂翩翩而至，便堆起笑容，迎了过来，道："先生、太太，现做一尊'执子之手，与子偕老'如何？不像不要钱，不美不要钱。"姚克看看上官云珠的脸，上官云珠在理吹乱了的头发；上官云珠看看姚克的脸，姚克在微笑着轻轻摇头。上官云珠笑了笑，道："请帮我们做一对一模一样的'师道者，传道、授业、解惑也'。"姚克于内心里不得不叹服上官云珠的机灵敏变、善解人意。

太阳快要落山的时候，他们登上了回沪的火车，上官云珠信守承诺，车票与晚上的便餐由她来出。姚克道："今天的收获真是太大了，如果天天这样，该有多好啊。"上官云珠接口调侃道："这收获是不是指成功地骗得了美女上官云珠的同行？"姚克看了她一眼，道："不错，不错，骗得美女相随相伴，当然是最大的收获啦。"上官云珠道："看你美得手舞足蹈，可我好像没什么收获耶。"姚克道："会有的，会有的，我会分一点我的收获给你。"上官云珠道："我现在就要分，我现在就要分，你快快分嘛。"姚克道："你注意到那些祠堂所祭祀的主人了么？当中一半以上是道德高尚、才华卓越、创下不朽文治武功的人，这就告诉我们，人生在世，应当发愤成才、建功立业，只有这样的人，才会赢得千秋万代的尊重和尊敬。所以呀，你要认真演戏。"上官云珠道："这个收获我分到了。不过，我也注意到里面有三分之一的都是些什么贞女、什么节妇，你也想教导我做一个贞女、节妇么？"姚克道："对于旧时代的贞女、节妇，不可一概而论地说好，或者一概而论地说不好，对于这个问题，鲁迅先生有多篇专

惠山某祠堂门楣装饰

文论说过。一个没过门的女子,其未婚夫死了,该不该至死不嫁,一生守贞?一对已婚夫妻,丈夫无恶不作,其妻该不该不离不弃,依凭终身?这些道理都非常浅显。我的观点是,合则聚,不合则散。"

两人兴味盎然地聊着天,忘了时间,忘了周围人的存在。突然,火车来了一个急刹车。所有的旅客被一股巨大的力量牵带,弹离了座位,姚克的脑壳撞到了对座的椅子上,上官云珠的额头撞到了姚克的耳根上。人们丈二和尚摸不着头脑,骂娘的骂娘,尖叫的尖叫,寻找行李的寻找行李,车厢内一片大乱。一会,来了一位列车员、三个全副武装的日本军曹、一名翻译官,厉声喝令大家拿好自己的行李、不准说话、待在自己的座位上别动,皇军要搜查可疑分子。人们面面相觑,不知道发生了什么事,火车停在半路什么时候才能继续前行。等了大约有一个钟头的样子,就有一队鬼子和"和平救国军"混搭的队伍开进了这节车厢,人们打开所有的行李,举着双手站起来,轮流接受验身、搜身、可怜那些年龄不一的女旅客,无一例外,都让那帮鬼子汉奸摸遍了全身。搜身毕,大家才知道,原来,就在刚才火车停下来之前不久,前方的浒墅关车站遭到了不知是新四军还是忠救军的猛烈突袭,在京沪铁路的几条铁路桥下,也发现了炸药。列车员告诉大家,为了大家的安全,现在,京沪铁路全线都在进行突击搜查，火车还要停多久，无可奉告。姚克附到上官云珠的耳边，悄悄说："这浒墅关车站，在前年的6月就让江南抗日义勇军打过了一次，打死了十几个日本人，不知这一次打得怎样。也很想上去干他娘的几仗，面对面枪对枪地与日本鬼子干，一定很来劲。"上官云珠道："你敢上战场，我就敢跟去战场，你负了伤，我帮你包扎。"姚克道："我被打死了，你为我戴孝。"上官云珠嗔道："狗嘴里吐不出象牙，你再瞎三话四，我赏你巴掌。"

火车直到次日凌晨才继续前行，可是到了苏州站却又停了下来。铁路当局告诉大伙，据军方情报，本次列车已遭危险分子局部破坏，所有乘客一律换乘中午十二点发车的另一列列车，与此同时，大伙还得到了这样一个警告："谁都不准向外界透露浒墅关车站遭袭的消息，谁说出去，格杀勿论！"

就这样，因为这意外之事，上官云珠与姚克就在旅途之中一起待了一个完整的夜晚。

既然暂时不能够即刻返回上海，姚克就提议，"反正还有三五个钟头的时间，不如我们去沧浪亭走走？"

沧浪亭一带，上官是熟得不能再熟，沧浪亭与苏州乐益女子中学挨得很近，上官当年在这所学校求学的时候，张大炎经常带她过来，两人第一次偷食人间禁果，就发生在沧浪亭边太湖石后的一片青草地上。想起五年多前的月白风清夜，就在这片花香流溢的地方，与他卿卿我我缠缠绵绵，上官的内心里真有斗转星移，物是人非的感慨。甜蜜的过往哪能忘得了，甜蜜的地方哪能忘得了，来这个地方，忆过往的情景，有许多的甜蜜，有许多的刺痛，更有许多的期待。

沧浪亭有"方寸之地，万景之园"之说，单是窗子的式样，就有108种之多，一步一景，景景宜人。沧浪亭是水做的，亭子是水做的，假山是水做的，松兰梅竹是水做的，窗棂围墙也是水做的。这个水是心泉之水，是清纯、沁凉、和善、温柔、明澈，是汩汩潺潺，是永不枯竭……

两人亦步亦趋，漫步于园中的亭台水榭、竹篱芳草间。姚克指点古今、数落人事，侃侃而谈；上官云珠俯仰左右、观感景物，静静倾听。林间有鸟儿在鸣唱，坡旁有早梅在吐蕊，池中有鸳鸯在嬉水。如此悠闲，如此风雅，如此静好，如此生动。

然而，风起于青萍之末，雷藏于轻云深处，两人压根没有想到，在他们的身后，一早就跟定了一位以捕风捉影为能事的小报记者。这个记者，自昨日傍晚时分踏入无锡火车站候车室的那一刻起，就一眼认出了姚克，继而又认出了上官云珠，于是就一路盯着他们，已将两人一天多来的整个行踪摸得一清二楚。

姚克道："小上官，你道我每次来姑苏，为什么总要抽空来一下沧浪亭么？这是因为，当年的沈三白就居住在左近，他常常携了改装成了书生模样的妻子陈芸娘的手，双双来这园中游赏四季美景。你看这一池碧水，沈三白曾在此洗砚，陈芸娘曾在此浣衣。这沈三白和陈芸娘，在我姚克的心目中，是古往今来第一模范夫妻。"

上官云珠奇怪自己的丈夫张大炎为什么从来就不跟她讲这些个故事，稍想了想，就想明白了。那一定是，张大炎他自己，也根本不晓得有那么多的典故和掌故。他讲不出，没法讲。将张大炎和姚克放到一处比上一比，真的是没法比，姚克是一个饱学之士，是全才。

姚克顾自往下讲："从前，女子是不准随意出门的，尤其是官宦人家、富户人家和读书人家的，除了可以随了亲近的女眷进庙上香或还愿外，一律不得私自出门，否则，便是犯了失德的大罪。所以，陈芸娘每次出门，都要让丈夫帮着女扮男装。"

上官云珠很好奇，问："难道与丈夫一起出去也不行么？"姚克道："不行的，绝对不行的，那样的话，不但这女子有罪，就连这丈夫也要按族规、家法处置，轻则，要在祖宗灵位前罚跪几天几夜，屁股上挨几百个板子，重则，逐出家门，不得入祠。"

上官云珠吐吐舌尖，道："那时候怎会是这个样子？真正是不可思议。这样，还让不让我们女人活了？女人活着，还有什么乐趣哟？"

姚克道："这陈芸娘就是因为多次跟了沈三白来了沧浪亭、去了观前街、玄

惠山泥人万福双寿

妙观、太监弄，被人在公婆那里告了密，就被逐出了沈家。"

上官云珠道："逐出家门就逐出家门，有什么了不得的？"

姚克笑了，道："有什么了不得的？一个女子被逐出家门，在旧时，就叫做'弃妇'。弃妇是什么意思？弃妇就是全天下最最下贱的女人的代名字，死了要被打入十八层地狱的，比女乞丐还要让人瞧不起，你说了得了不得？"

上官云珠道："姚先生，你可不要笑话我，对这些，我可是什么也不知道、什么也不懂，但是，从今往后，我就知道了、懂了。"

姚克道："在这件事上，我特别佩服这个沈三白。陈芸娘被他老娘逐出了家门，他拗不过老娘，改变不了老娘的决定，就义无反顾地作出了随妻自逐的决定，两人在外典了房子，照样过他们恩恩爱爱甜甜蜜蜜的两人世界。要知道，这在当时的那种社会环境下，一个男人要做到这一点，是一件多么不容易的事。这样做，他等于是把自己放到了一个众矢之的、身败名裂的位置。"

上官云珠问："后来呢？"

姚克道："后来，直到老夫人归了天，沈三白自己完完全全当了家，才顶着亲朋邻里的指指戳戳，将陈芸娘接回了家。"

上官云珠道："好事多磨，终于有了好的结局了。"

姚克道："好事多磨你是说对了，但于未来的路上，还有许多的苦难要考验他们。这沈三白，是个附庸风雅的人，喜好吟诗，喜好画画，喜好游赏，喜好喝酒，却不懂得经济，不懂得治家。他当了家以后，因为坐吃山空，家境就每况愈下，没过多久，家里就到了揭不开锅的境地。怎么办？陈芸娘就粗衣陋袜，抹黑了俊脸，牵了沈三白的手，去到四处寻了不少无主的荒地荒坟垦田种菜，养鸡放鸭，过起了日耕夜织的乡间人生活。"

上官云珠道："日子过得艰难一点并不要紧，要紧的是夫妻能够同甘共苦。"

姚克道："对于沈三白和陈芸娘这对夫妻来说，经济上的困难其实算不了什么，最令他们头痛的事是，陈芸娘不能生养，而沈三白对她一往情深，死也不肯收小纳妾。"

上官云珠道："这个我知道，自古就有'不孝有三，无后为大'、'百善孝为先'的说法，无后就是绝子绝孙，对祖宗是最大最大的罪过。"

姚克道："你说的没错，这就说到了这陈芸娘的贤惠之处了。这陈芸娘为了让老公能够喜欢上自己以外的女人，达成老公能够娶妾生子的目的，就千方百计地安排沈三白去了青楼妓馆，好让他一尝别的女人的别样滋味……"姚克还在继续往下说，上官云珠已羞红了脸，制止了他。

此纪念碑纪念1939年6月新四军夜袭浒墅关的战役

上官云珠问:"这个故事,有没有书的?"

姚克答:"有的,书名叫做《浮生六记》,就是沈三白自己写的。"

上官云珠道:"既如此,你就别往下讲了,让我自己去读。回去后,你先把这本书给找出来,我好好看看。"

姚克道:"这本书非常有意思,我读了多少遍?怕数不清了呢。如果我是女人,我一定也会做陈芸娘那样的人。"

上官云珠道:"因为老天知道你做不了陈芸娘那样的女人,所以,他老人家才不让你做女人。"

姚克笑道:"你自己做不了陈芸娘那样的女人,就来说我做不了陈芸娘那样的女人。"

上官云珠道:"你说的这个芸娘是你们这些坏男人梦里想着的女人,只能出现在梦里和书里,不可能出现在现实里。"

铁了离婚心

上官云珠跟姚克他们去无锡，也不知道总共去了几个人、都是些什么人、会不会只他们两个？张大炎的脑子里，像是开来了几路势不两立的大军，展开了一场你来我往你死我活的厮杀。他站在讲台上讲课，老是走神，说出的话七不搭六，示范的画魂不守舍。班里有位嘴快的学生，恰好是校长的亲戚，又恰好在课余时间撞见了校长，就将张大炎这天上课的情形报告给了校长。放学前，校长就过来找了他，对他提出了严厉的批评，弄得张大炎心情更加恶劣。

晚饭时，张大炎坚持要等妻子回来了之后一道吃，却是等了两、三个钟头也没有能够等到。一股无名大火在他的胸腔里熊熊地燃烧了起来，一怒之下，他丢下一句"这饭我不吃了！"掀翻了饭桌，摔碎了所有的菜碟与饭碗。"希里哗拉"一阵脆响，惊得韦爸爸、韦妈妈畏缩于屋子的一个角落，不敢有半点的动作和声响，吓得张其坚放声大哭。张大炎将张其坚拽到跟前，虎着脸问："问你，如果阿爹与姆妈离婚，你要跟谁在一起？"张其坚扑闪扑闪大眼睛，似懂非懂，道："我跟姆妈。"张大炎二话不说，粗暴地将他的裤子捋下，朝着小屁股扬起手，狠狠就抽了下去，又问："你到底跟谁？"张其坚大哭，边哭边答："我跟姆妈！"张大炎加大力度再抽，再问："你到底跟谁？"张其坚道："我跟阿爹！"

说好当天回来的，最后，却是招呼也不打一个，就在外头过了夜？好吧好吧，你可以在外头风流快活，难道我就不能？大不了一拍两散各奔东西！想到这里，张大炎就气咻咻地出了门，一夜未归。

韦爸爸、韦妈妈见状，想阻拦，却不便，也不敢，只好随他去。却又怕女儿回来知道了这件事以后又会生出什么事端来，便想方设法去哄张其坚，教他说谎，让他保守刚才那一幕的秘密。

第二天午后，上官云珠回到上海，先去了顾也鲁、周璇、袁雪芬处——她在无锡，为叶逸芳、黄佐临等几位各准备了一份当地的著名特产无锡肉骨头，得一一在第一时间送出。于是，这里搁一会屁股，那里说一段闲话，等她回到家里的时候，又已是黄昏晚饭时。

在与叶逸芳闲聊的时候，上官云珠不知怎么地就问起了姚克那个洋场恶少名头的来历，叶逸芳告诉她，这个恶名的由来与鲁迅先生相关。有一年，在上海的文坛上，忽地出现了一场大论战，在这一场大论战中，鲁迅先生为对方指骂为"文坛恶霸"。当时，姚先生是大家公认的鲁迅先生的首徒，他当然要站在老师的一边，在论战中冲锋陷阵啦，于是，对方就开始称他为"洋场上的文坛

1967年戚本禹发表批判《清宫秘史》（姚克编剧）的长文

铁嘴作家苏雪林指称姚克是"沪上恶少"

恶少",简称"洋场恶少"。据我所知,最先攻击鲁迅先生是"文坛恶霸"、姚先生是"洋场恶少"的人是苏雪林,她是一位长得和善善、福福相相的女作家,以前也曾经是鲁迅先生的铁杆崇拜者、姚先生家中的座上客,曾评《阿Q正传》"对中华民族的病态具有深刻的研究……立下了许多脉案和治疗之方",评鲁迅的小说创作"仅仅《呐喊》和《彷徨》两本,已经使他在将来中国文学史占到永久的地位了","第一是用笔上的深刻、冷峻;第二是句法上的简洁、峭拔;第三是体裁上的新颖、独到。"她后来之所以与鲁迅先生闹翻,据说全是因为两人对北师大事件看法相左。对这个名头,姚先生曾大为光火,直到后来听了黄宗江先生的劝,才变得无所谓,现在,他都自称自己是"洋场恶少"了。我曾经亲耳听黄先生这样对姚先生说:"难过什么呀?恶少就恶少么,有什么可生气的?别人想要这个名头还要不到呢!鲁迅先生为一些人尊为'文坛恶霸',你当然就是当仁不让的'沪上恶少'啦!这说明你是鲁门正宗,自豪都来不及呢!再说了,你在我们大家的心目中,不但不是'洋场恶少',反倒是个刮刮的'沪上良少。'"——苏雪林外柔内刚,文笔犀利,眼里揉不得有一粒沙子的,极是好对,有时好对到偏执的程度。如,鲁迅逝世后,她致信蔡元培,强烈要求其拒入鲁迅治丧委员会,信上称鲁迅先生为"玷辱士林之衣冠败类,廿五史儒林传所无之奸恶小人。""长期盘踞上海文坛,密布爪牙,巧设网罗;文网之密,胜于周来之狱,诛锄之酷,不啻瓜蔓之抄!"

太阳西沉月上柳梢时,上官赶回了家门。张大炎已在家中,他正在喝酒,佐酒的菜肴有猪头肉、猪鼻头、猪口条、红烧杂鱼、瘪瘪蚕豆、酱油黄豆、酱爆花生米。自从小夫妻俩那次的大吵大闹以后,从前从不沾酒的张大炎开始变得天天与酒为伍,而从前颇是嗜酒的岳父韦亚樵却突然间差不多戒绝了酒。现在,韦爸爸、韦妈妈是越来越害怕女婿发脾气了,是以,平素是小心翼翼地服侍着、讨好着女婿,生怕一不小心惹恼了他,捅了马蜂窝,又会弄得家里鸡飞狗跳。在两位老人看来,毕竟,一切的错,一切的烦恼,皆是由自己的女儿引起,皆是女儿的错,他们觉得,是他们亏欠了这个女婿。

张其坚见姆妈回来,奔过去,扑到怀里,张嘴就哭,眼泪扑簌簌掉下来,像一串断线的珠子。上官云珠抱住他,揉揉他的头,捏捏他的鼻子,道:"多大的人了,还一天到晚离不开姆妈,羞也不羞?乖,乖,别哭了,快别哭了。来来来,来看姆妈给你买了什么好东西,这是无锡大阿福,这是无锡小笼馒头,这是无锡五香豆腐干,还有无锡肉骨头。"回过头,上官云珠差她母亲:"姆妈,快将这无锡肉骨头去灶上热热,让大炎和阿爹爷俩下酒吃。要热得热一点,不热不冷不好吃。"

韦亚樵看看女婿张大炎,却问上官云珠:"小弟,说好昨天就要回来的,怎么一去去了两天?这到底是怎么一回事?你们一共去了几个人?兵荒马乱的,你在外头过夜,知不知道家里有多么的担心。"

"这一次去无锡,收获真是太大了,那姚先生的学问当真是了不得,他什么都知道,什么都懂,什么都能说出一个所以然来……那惠山的景物,比梦里的天上风景还好白相……"

"祖宗保佑，小弟总算平安回了家。"韦妈妈听到女儿说火车半夜停在苏州，惊悸不已，道："这世道不太平，以后可不准再出远门。"

"火车停在苏州，真的还是假的？怕只怕是你与人奸宿在外寻找的借口吧？！"张大炎头也不抬，不冷不热地道。

上官云珠道："奸宿？大炎，你以为我与人在外奸宿？我有那么随便么？！我有那么下贱么？！现在，我对天发誓，若我今天之前做过任何对不起你大炎的龌龊事，我天打五雷轰，我死无葬身之地。我也要告诉你，你若继续疑神疑鬼，我们就只好离婚，你要知道，天底下可没一个女子能够忍受自己丈夫这样子的污辱的。我可以忍一次、二次、三次，可是，你不要让我忍更多！"一面说，一面楚楚可怜地泪流满面。

张大炎自知失言，道："我这也是担心你嘛，我、我、我是口不择言，我是有口无心，是我错了。"

韦家脾气的一个特征是得理不饶人，上官云珠本欲借题发挥好好"顶撞"一下男人，发泄发泄胸中郁积的不满，却见其父韦亚樵拼命给她使眼色，叫她隐忍，她意会，话到嘴边，就又咽了回去。

终于知道了妻子在外宿夜的前因后果，想到自己昨夜的失态与荒唐，张大炎颇是自责，便辨风听雨，急急转舵，讪讪然地招呼一家人过去一道喝酒。

于是，一夜无事。

可是，转天上午第二堂课的课间休息时，张大炎却意外地获得了此次妻子无锡之行的另一种新闻。那时，他正挟了讲义夹往办公室去，走到走廊的拐弯处，忽听拐角那边有同事在议论他："也不知大炎老师脑子里是怎么想的，他干吗要让妻子去做戏子啊！这回，这顶绿帽子可算是戴定他头上了。"张大炎闻之，就如挨了一闷棍，当下就眼冒金星，他定了定神，蹑足紧走几步，探头去看，看见一男一女两位教员正指着手中的报纸说着什么。他不敢继续听下去，拐去了廊外院中那两株茂盛的苦茶树的中间，蹲下身，狠命地拉扯自己的头发，恨不能将每一根头发都拉扯下来，恨不能将自己的头颅也拉扯下来。

好不容易挨到了午饭时间的来临,他饿着肚子,出了校门,喊住一辆过街的洋车,猫腰钻上去,往外滩而去。

张大炎急急赶去外滩,目的只有一个,就为买几份报纸。

"卖报,卖报,要知天下事,快来买报;号外,号外,姚克上官轧姘头被人撞见,来一份细看!"

……………

张大炎买了报,低了头,沿着江岸,走了很长很长一段路,"这回,这顶绿帽子可算是戴定他头上了",这句话,在他脑海里盘旋停留,总也挥之不去。他看见人说话,就以为人家是在背地里议论他。他看见人笑,就以为人家是在当着他的面笑话他。最后,他挑了个落寞的江滩,席地坐了下来。"勾肩搭背,亲密无间。""打情骂俏,旁若无人。""人唤其'先生太太',两人不但不解释分辩,反含情对视,报人以'灿然微笑'。""沧浪亭下,泉池侧畔,双双热议要做'天下第一模范夫妻',如漆似胶。""联袂而行一个半白天一整个黑夜,不明白之人也能明白他们之间已发生了什么。"

黄浦江虽在枯水期,西北风猛刮,照样惊涛拍岸。

江面汽笛声声,呜呜咽咽。

天际是层层叠叠的乱云,阳光穿不过云层。

快要下雨或者下雪了,一波一波的寒冷包围了天下万物。

……………

张大炎颠来倒去,将手中的报纸读了一遍又一遍。好想好想立刻冲去叶逸芳的片场,揪着那贱人的头发将她拖回家,然后将她绑起来、关起来。……可是,不行的,暂时不行的,家丑不可外扬,动静不能闹得太大,目前,我还要在这一所学校待一阵子。冷静,冷静,忍耐,忍耐,一切都等下了班以后再说,……大不了是一拍两散,各走各的路。

挂表上的走针慢得如蜗牛爬行,心房间好像钻入了一窝蚂蚁,度日如年的感觉大约就是这个样子了。张大炎好不容易挨到下班,既想快点到家,又想在外头多待一阵。他走在路上，一会是急急匆匆，一会是慢慢吞吞，两条腿好比是寓言故事中的矛与盾，一路之上辩论不休争斗不休，却又分不出对错胜负。

岳父岳母照例已为他准备了绍兴女儿红，准备了下酒的小菜，小菜中有他最喜欢的油爆花生米。

"小弟呢？怎么到现在还没有回来？都啥时辰了？！"他甫坐下就问。

韦妈妈告诉他："她刚才来了电话，今晚要出去演出，半夜才能回来。"

张大炎听了，不吱声，心说："不吃白不吃，不喝白不喝，这个家迟早会散的，今朝有酒今朝醉，莫将金樽空对月。"便将桌上的酒菜，慢条斯理地扫荡了个精光。食毕，抹抹嘴，问："酒没了？"

韦亚樵道："没有了，我这就去拷点回来。"

张大炎道："不用，我自己上酒馆喝去。"言毕，摇摇晃晃站起身，晃晃悠悠出了门。

韦爸爸、韦妈妈相视无言，皱着眉头直摇头，待张大炎出了门，方唉声叹气起来。这一夜，张大炎又宿在了外头。

上官云珠演出结束回到家，已是下半夜，阿爹、阿妈犹未就寝，犹在焦急地等着她回来，等着告诉她张大炎这几天来的种种反常。上官云珠听了，神色

张其坚在回忆生母上官云珠　　上官云珠的二公子韦然在述说关于母亲的往事

惨然，道："我会好好与他谈一谈的，请阿爹阿妈放心，这个家决不会轻轻易易就这么散的。"她想了想，又道："这一阵子，社里的演出排得满满的，隔几天可能还要到苏北、山东等地去演，那样的话，会有好几天回不来。这样吧，我现在就来写封信，明天你们转交给他。"

这一夜，上官云珠一夜无眠，给老公张大炎写了一封数千字的长信："亲爱的大炎，你反对我演戏，我理解。你误会我、害怕我红杏出墙，移情别恋，我也理解。……今天小报上登的，全是空穴来风、捕风捉影，小报记者最喜欢干什么勾当，你应当很清楚。……时下，日本人连租界也占了，作为一个中国人，谁愿意做亡国奴？我现在正参演几个旨在唤起国人觉醒的本子，我觉得我应当全身心扑入进去，为抗日救亡出一点力。……我相信你懂我的心，我也相信你深爱着我。……我与姚克先生，站得正，行得直，清清白白，倘不信，你随时可来剧团一看，也可找我任何一位同事一聊。……我不想在你面前发什么誓，我心我行，日月可昭，苍天可鉴。……我的心在流泪，我的心在滴血……亲爱的大炎，我声声唤，声声唤，唤你与我一条心，唤你全力支持我。……写这封信的时候，我凝望了无数遍我们结婚的合影，我俩是何等的般配、何等的甜蜜。……没错，我是一心一意想要当明星，我之所以想当明星，一为实在太爱电影，二为我们这个家，我要让我们家住进小洋楼，我要我们的儿子拥有最高级的钢琴、上最好的学校、受到最好的教育。……知道要成为明星很难，也知道电影圈的丑陋和龌龊，电影圈是个是非圈，但是，你要相信，无论在哪个圈子，都是好人多坏人少，电影圈里不乏正人君子、不乏心无旁骛为艺术奋斗的人士。我举一个例子给你听，这个人就是大导演蔡楚生。他只读过四年私塾，全凭将报纸当课本自学成才，他当过工人、店员、电影院的清扫工、收票员，他千辛万苦进了电影圈，直到1934年才凭一部《渔光曲》一炮走红。这部电影，在金城大戏院连映了六十多天，女主角王人美一演成名，就连主题曲被制成唱片后，也很快抢购一空，卖了十几万张。这时，就有很多圈内圈外的漂亮女子为他的艺术才华而倾倒，向他表达爱慕之情，其中不乏大明星、富家千金，可他就是记挂着老家妻儿，不为所动。可能你在听阮玲玉的故事时也曾听过阮玲玉曾提出与他远避上海共筑爱巢的事，阮玲玉那么漂亮、那么有才情，可蔡楚生就是做到了不为所动。有人曾将阮玲玉之死归罪于蔡楚生，真正可笑，难道非让蔡导抛妻弃子不可么？……你要相信，我永远会是一个有底线、守得住底线的人，这个底线就是家庭责任感，凡事将家庭放在第一位，我牢记'老老实实演戏，清清白白做人'，我会'出污泥而不染'。我知道，你最大的担心，是担心我移情别恋，爱上别的男人，我告诉你，作为一个韦家女儿，我绝不会依附于任何一个人，永远会有分寸，永远会是一个独立的人。"

张大炎在第二天的晚上读到了这封长信，结婚以来，两人从没分离过，他还是第一次读到妻子写的信，信中，妻子是掏心掏肺，情义深深，对他没一句指责的话，心下宽慰了不少。读第二遍、第三遍的时候，他也学妻子写信时的样子，读一段，看一眼两人的结婚合影，端详又端详，真的是说有多般配就有多般配，说有多甜蜜就有多甜蜜。

张大炎在第三天的午后听到了姚克与英国太太离婚的传闻。传闻说，他们的离婚皆缘于一位连国语都说不好，已成了婚当了娘，却又一心想演电影，一

纪念上官云珠的图片

心想成名的女人的死命纠缠。传播这则传闻的朋友添油加醋地说："男人碰上什么样的女人最抵挡不住？男人碰上二十来岁的风骚少妇最抵挡不住……"说得很是下流也很是有道理。他知道这传闻中的女人，指的就是他的妻子上官云珠。凭他对妻子的了解，在内心里他根本就不相信妻子会去勾引一个有妇之夫、会去破坏别人的家庭，可诸如此类的传闻，就如一把寒光闪闪的刀子架在他的脖子上，令他心烦意乱，寝食难安，心惊胆战。流言足可以把人逼疯，也足可以要了当事人的性命。

姚克与英国太太离婚的真实情形后来曾比较详细地见诸报刊杂志：姚克这人，从表象上看，贪玩任性、落拓不羁，但在内在里，却是个志存高远、勤奋执著的人。每一个夜晚，他几乎天天都有应酬，但他"玩物"不丧志，能推就推，推不了就尽量提早抽身，应酬回来，总不忘扑于灯下桌前弄几个小时的笔头。他有许多题材要写，他叮嘱自己要抓紧时间写，他的身体里仿佛总有源源不绝的精力在蒸腾。这一阵子，他已开始动手翻译《双城记》、《巴黎圣母院》，起草了大型历史故事剧《清宫怨》的提纲。他这样孜孜于工作和事业，他的英国妻子却不能完全理解，做人何必要那么苦自己？就老在他文思泉涌、下笔千里的当儿来打扰他，一会要这样，一会要那样，这弄得姚克很是不爽。这一位英国妻子，也是个知识女性，她天性好动，热情奔放，但与中国男人心目中的贤妻良母比较就相去太远，她不会买菜洗衣，不会上灶烹饪，更不会任何女红，性格上任性到极点。举一个简单的例子，当姚克想与之恩爱的时候，她时常坚决拒绝，而当姚克不想的时候，她又偏偏死缠到底。她于姚克最大的帮助是为他甄选欧美名著，于译事之中开展有益的讨论。这一天，姚克正埋头于书案之上奋笔疾书，她又蹑手蹑脚走出来钩住了姚克的脖子，非要立即行那周公之礼。姚克不依，她就来强拖，一个不依，一个强来，不知怎的，两人就拌起了嘴，后来妻子就提出了要他立即跟她回英国的要求："我在这里，待不下去了，一天也待不下去了！你要我学中文，我努力学了，可是，学了这么久，就是没法学会，中国文字中国话是魔鬼创造的语言，哪学得会？！我在这里，语言不通，没有自己的朋友,没有自己喜欢做的工作,没有一丝一毫的自由和欢乐,就像被关在地狱里一样痛苦。"姚克道:"谁也没有禁锢你的行动,你不是天天在与你的朋友喝咖啡跳舞么?跟你去英国?我什么时候说过要跟你回英国了?不是早就与你说好的么,与我结婚就必须随我在中国生活,中国人叫做'嫁鸡随鸡,嫁狗随狗'。我从来就不曾有过要去英国定居的想法。我的祖国是中国,中国是我的根、我的一切,离开了中国,我就是一朵无所依凭的浮萍。"最终,姚克拗不过她的纠缠,就只好放下手头的工作与她上了床,可是,未及几分钟,最终,姚克就偃了旗息了鼓。女人很是不满,不假思索就说了这么一句话:"中国男人,就是不行!难怪英法德日要骂你们'东亚病夫'!"言者无意,听者有心,姚克跳起来,吼道:"你说什么!你说什么!你再说一遍!"吼声犹在,几个巴掌就送了过去。姚克素来就是一个爱国主义者,也是一个大男子主义者,这女人哪能信口雌黄以"东亚病夫"这词来污辱他的国家、污辱他?!况且,这时候的

上官云珠纪念馆展览厅

中国正被日本侵略者蚕食着国土，处于亡国的危局之中。姚克一怒之下，当场提出了离婚要求，而那英国妹子，也是个冲动型的人儿，竟是爽快地答应了下来。在第二天，两人便办妥了离婚手续。

张大炎在第四天的晚上从报纸上读到了一则关于一个锡剧演员悲惨遭遇的真实故事。这个演员他也认得，她叫陆媛媛，在苏锡常一带是很出名的锡剧名角。她是无锡乡下港下人，少时师从锡剧创始人长泾西街的王炳泉学艺，曾在自己家中唱过堂会。她与眼下不时要在天外天、大世界登台演出的沪上锡剧名伶袁仁义是师兄妹关系，经常在无锡中央大戏院出演《庵堂相会》、《双推磨》、《红楼夜审》。报纸上说，某一天，她在刘谭乡演出，被该乡有财有势有枪有队伍和平救国军大队长尤菊根看中，便借了请她去家中为老父祝寿的当口强奸了她。也不知怎的，这尤菊根办事不密，为老婆刘梅仙侦知。这刘梅仙较之于乃夫，更是一个厉害角色，办事说一不二、心狠手辣，人送绰号"双枪魔女"。她派人四出打听陆媛媛的行踪，潜行于后，跟到常州西新剧院，将她、还有她当琴师的嫡亲弟弟一同骗出，连夜将其绑到刘谭乡的一座破草庵内，用她弟弟胡琴上的一根弦线结果了两人的性命。看庵的吴姓婆婆说，那晚，刘梅仙一脚将两人踢翻在地，让他们跪在菩萨跟前，怒骂陆媛媛没羞没耻没脸没皮，她代表观音菩萨判处她姐弟死刑。陆媛媛跪在地上，不住地向刘梅仙磕头求饶，道："我没有勾引他，是他强暴了我。我是个唱戏的，大队长迫我，我没有办法。我已怀了大队长的骨血，求你放过这个骨血。我弟弟与这事没有一点点的关系，求你放了我弟弟，他在苏州城里结婚刚满三个月……"刘梅仙闻之大怒，解下武装带，往两人身上死抽，可怜雪白粉嫩一对兄妹，被抽得遍体鳞伤、奄奄一息。最后，刘梅仙抽累了，就向手下下了"执行"的命令。这真是：狼夫污她身，虎妻索她命，一根琴弦三条命，乱世冤屈何处伸？报纸上又说，这尤菊根、刘梅仙日前已为党国栋梁、抗战英雄包汉生领导的忠救锄奸团枪决，得到了报应。一见"包汉生"这三个字，张大炎就恨得牙痒痒地，这包汉生又岂是什么好鸟啊？！他哪能忘记，他的堂兄张大烈就是死于包汉生的枪下。包汉生，也是长泾人,他的家就在长泾北边三里处的刘家桥。在长泾上学的时候,他与我们张家几个兄弟都非常要好,称兄道弟的,还经常来黄石山墙玩。他上江苏第一师范读书时还经常与我们通信联系,在1937年的逃难路上,大家还一起同行过好一程,他刚拉起队伍的时候,奶奶还曾差人捐了一大箱银洋过去,只因后来他当上了忠义救国军京沪路行动总队长,又因为哥哥张大烈同情共产党,见了一次新四军的首领人物谭震林,他就将旧谊旧情一笔抹去,派人去长泾街上的龙园茶馆,对着大烈哥哥的脑壳开了三枪。什么朋友谊、兄弟情,在这乱世,连性命都可以莫名其妙地拿去,还有什么不能够丢弃、毁灭的?什么都是假的。夫妻关系或者也是一样。人心隔肚皮,我不能太相信亚君,不可以掉以轻心。

名声与人脉

上官云珠与姚克，于1941年年底相识。借了姚克在文化圈、戏剧圈里的名声与人脉，上官云珠与姚克交往没多久，就成了各类报纸影剧娱乐版面炙手可热的人物。作为上官云珠丈夫的张大炎，读着这些栏目、这些报道，就如天天都吞食了一大把苍蝇蚊子一样难受。

自从结识了姚克，上官云珠就变成了一个大忙人，几乎没一天不晚回家的，回到了家又要忙于卸妆盥洗、洗涤和熨烫衣服，没一点空闲。张大炎心里有事，有几箩筐的话要说，却是欲说难说，开不了口，只好闷在肚子里。如此，夫妻间的关系便越来越变得冷多热少。

几天后，上官云珠随剧团去了盐城、徐州、淮阴演出，近两个半月才回到了上海，而回到了上海以后，又是很忙，总是一大清早就出门，不过深夜不回转。张大炎在这两个半月的时间里，天天下着同一个决心，决心要与妻子好好聊一聊，决心要打破这一个僵局，解开这一个死结，然而，她已经回来了十几天了，仍是找不到一丁点合适的机会。她显得很疲累，一回到家，忙完必须忙的事情以后，就倒头睡下，一睡下去，就进入了梦乡。他心疼着她，不忍心再占去她已少得不能再少的休眠时间。这样辛苦，又挣不到什么钱，这到底是为了什么呀？张大炎非常不理解。

她在《雷雨》中饰上了四凤，在《清宫怨》里饰上了珍妃，她首次在话剧舞台上担当了重要角色，她的演技被小报记者描绘得花好稻好。张大炎认为，这一定是姚克在做圈套、在骗她、在玩她，姚克是在让她吸食鸦片呢，一切都是为了一个卑鄙的阴谋，姚克的目的就是……这些情绪一天天积累，一天天膨胀，张大炎的神经紧张到了极点，不晓得会在什么时候瞬间爆发、彻底崩溃。到了礼拜天，张大炎终于再也憋不住，就独自一人偷偷赶去了天风剧团。可是，门卫不让他进，门口没有人认得他，他也不想自报家门，他在附近徘徊了半天，什么也没看到，什么也没听到，只得悻悻然离开，去到路边的一个小酒馆借酒浇愁。

张大炎心烦意乱回到家里的时候已经是太阳偏西，已快黄昏，韦亚樵急急迎出来，告诉他："小弟吃过中午饭就来了电话，让你晚上带了小恬恬去法租界永康别墅姚公馆，那儿在举办一个酒会。小弟千叮万嘱，叫你一定得准时参加。时候不早了，我们已为小恬恬穿戴妥当，你们快走吧，再晚就怕要迟到了。"姚公馆？是否就是姚克的家？张大炎沉吟了片刻，认为，不管怎么样，在公开的场合，应当要给妻子一个面子。

他回屋抹了些发蜡，擦了皮鞋，戴了礼帽，换了西装，对着穿衣镜练了几回表情，就牵着张其坚的手赴会去。

这是一个十分高档的居民社区，马路很宽，树木很多，停在路旁的汽车也很多。铸铁围墙很精致，街灯很洋气，房子都是法式的两层、三层建筑，青坪上的草色在晚冬里仍一片青葱。他们到达的时候，姚公馆的门首已经是车水马龙，热闹非凡。两人刚跨下洋车，张其坚眼尖，就看见了站在门前台阶上迎宾的母亲。张其坚挣脱父亲的手，张开一双小手，小脚跑得飞快，喊着"姆妈！姆妈！"就奔了过去。

上官云珠也已看见了他们，她紧走几步，迎出来，将儿子抱了起来，乖囡宝贝、宝贝乖囡地亲了又亲，等张大炎到了跟前，就牵了他的手步上台阶，将他介绍给了站在台阶中间迎宾的姚克。"这是姚克先生，这是我家先生张大炎。"两个男人的大手握在一起，握在一起摇了又摇，彼此齐道："久仰，久仰。"随后，姚克做了个请进的姿势，张大炎看一眼一旁的妻子，妻子正与新到的几个女宾与男宾寒暄，大家都在夸说张其坚长得漂亮、长得可爱、长得福相，争相抱他，就只好与妻子说了声，"你为姚先生好好接待贵宾，我先进去了"。

  姚公馆的客厅非常之大，阵式豪华，装饰得富丽堂皇，楼梯扶手上涂着克罗米，墙上挂着名贵字画，地上铺着西洋地毯，天棚吊着水晶吊灯，卫生间贴着白瓷，留声机播放着时尚乐曲，中央摆放着六张红木圆桌，边厢是一圈咖啡座。

  已有许多客人落了座，先到的与后来的打着招呼，坐停的彼此谈笑风生。张大炎一个人也不认得，他想仔细观赏一圈四墙的中国画、西洋画，却怕过于惹眼，走了几步，便改变了主意，挑了一个暂没一人就座的角落坐了下来。穿着制式服装的女侍看见了他，姗姗过来，问："先生，要咖啡还是红茶？要雪茄还是香烟？"他要了一杯红茶。

  客人陆陆续续走进客厅，满眼是夸张的握手、夸张的拥抱、夸张的寒暄。男宾一律西装革履，女宾一律华贵旗袍。大家热烈地聊着，他一句也插不上嘴。张大炎在这里所能做的，只有两件事：第一件事是，别人朝他点头示意，他还以点头示意；第二件事是，脑中空空地发呆。他强烈地意识到，在此刻，他是一个最孤单、最落寞、最无聊、最多余的人。

  这种孤单、落寞、无聊和多余，没维持太久，一会就被打破了。

  却见一位眉目清秀、身姿妙曼、步履轻盈的女子抱着张其坚施施然而至，在她身后，紧跟着的七、八位同样美丽的旗袍美女，也施施然联袂而至。但听其中一位轻启朱唇，娇声开言："诸位，诸位，诸位假若也想生一个天使一般可爱的小孩子的话，就来抱一抱我们亲爱的上官云珠小姐的公子小恬恬！"人们纷纷站起来，齐朝她们那边看，于是，惊叹声不绝，前来争抱者蜂拥。张其坚哪里经历过这种场面？他被吓哭了，任怎样哄也不肯止哭。张大炎见状，就跑过去，道："这孩子，没见过什么世面，上不得台面，扫大家的兴了，抱歉，抱歉。"张其坚一见父亲，就扑去了他的怀里。张大炎一亮相，多位女子就异口同声道:"哇,原来,张先生真的是一表人才!"忽有人提议:"张先生,可否与我们说说,说说你是怎样追到国色天香、人见人爱的上官小姐的?"又有一人附议:"哈哈,好!好!让张先生说说,说说如何先下手为强、生米做成熟饭的!"张大炎说儿子没见过什么世面,其实,他本人又何尝不是?此情此景下,他说也不是,不说也不是,尴尬得脸红耳赤。"张先生,莫怪大家口没遮拦,信口乱问,大家不过是图一个热闹罢了,不必当真,不必回答。"在场也有老成持重者,见张大炎愣在当场,就出言为他解了围。

接下来是,也不知是哪一位女士带了个头,在场所有的客人都三五成群地结伴过来,给张其坚送初见红包,张大炎推也不是,受也不是,只好不停地鞠躬、不停地道谢。一圈下来,张其坚的脸上就落满了口红的印子。张大炎到后来才知道,今天酒会的主题是庆贺新排话剧《清宫怨》的空前成功。日前,此剧已在相关剧场试演了二十几余场,得到了新闻媒体、各类观众、戏剧界人士的一致好评,明天开始将在兰心剧场演出,初步确定连演半个月。此外,已有济南、青岛、北平、天津等地的剧院老板发来邀请,要求剧团北上演出此剧。

酒会的场面非常排场、气氛非常活跃,在此酒会上,张大炎见到了上海滩上的两位一流大人物黄金荣和杜月笙,见到了宋庆龄派来的私人代表,见到了好几位姚克的英、法、德、日、俄、美的朋友。

席间,姚克过来敬酒,敬酒词是:"为贵夫人上官云珠的脱颖而出干杯!为张先生在背后的大力支持干杯!为张先生一如既往为中国戏剧事业默默作出贡献干杯!"

宴毕,客厅撤去餐桌,让出场地,

《泾水流韵》(写作本书的参考书目)

开起了 Party。

舞曲响起，在众人的起哄声中，姚克与上官云珠率先滑入舞池，跳的是华丽多姿、缠绵深情、飘逸欲仙的华尔兹，两人四目凝视，你倾我覆，盘旋摇曳……

见到这一幕，张大炎没来由闭了眼，就想逃。

理想中的妻子应当是恬静或文静的、羞涩或腼腆的、温顺或体贴的、优雅或闲适的、纯洁或忠贞的。张大炎闭了眼，仍看到了一个疯癫的、张扬的、妖艳的、气场逼人的交际花般的妻子。他无法容忍他的妻子这样子下去。

张大炎不会跳舞，讨厌男女共舞，更愤怒自己的妻子与别的男人、尤其是传言中给自己戴绿帽子的那个男人共舞，却不便上前质问，就借口学校安排他开了新课，还不曾好好备课，告辞先回。

回家的路上，他就想：这个酒会，为什么没见邀请其他的演职员家属？为什么剧社那么多的女艺人，就上官云珠一个人如姚公馆的女主人一般站在门口迎宾？摆明了是在向我公开摊牌么！

婚姻走到了尽头

张大炎参加完酒会回来，下了黄包车，就将酒会上收到的、人们送给张其坚的见面红包取出来，揉作一团，扔去路边的垃圾箱里。张其坚此时已经快六岁了，已经知道红包是个好东西，里面装着钞票，钞票可以买甜的咸的好吃的东西，就不许父亲扔，父亲已经扔了的就跑过去捡起来捂在怀里。父亲不让其去捡，却又解释不清、阻止不来，就又捋下张其坚的裤子，将那粉嫩粉嫩的小屁股露出来，把他打得鬼哭狼嚎。可怜这无辜的孩子，一次又一次地充当了父母矛盾冲突的出气筒。可幸那马上就要到来的拾荒者，惊喜地接受了张大炎的转移支付，得到了一次梦里也不曾想到过的发财机会。

其实，张大炎是真的冤枉了姚克，特邀张大炎父子参加酒会，的确是姚克的主张，但姚克的本意，是想让张大炎分享上官云珠的成功荣耀，想以此增进他们夫妻间的理解与支持。姚克哪想得到此举会适得其反，反会增加他们之间的隔阂与摩擦呢？

报上对上官云珠的称赞是越来越多了，与此同时，关于她与姚克之间的绯闻也越来越具体化了，照此趋势发展下去，我张大炎还有什么颜面站在三尺讲台上？还如何在熟人面前抬起头来？

她的演技真的有报上说的那么好么？他明白，她演得越好，他们之间的关系就越不牢靠。他决定去剧院亲眼目睹一番。这一天，用过晚餐，张大炎就赶

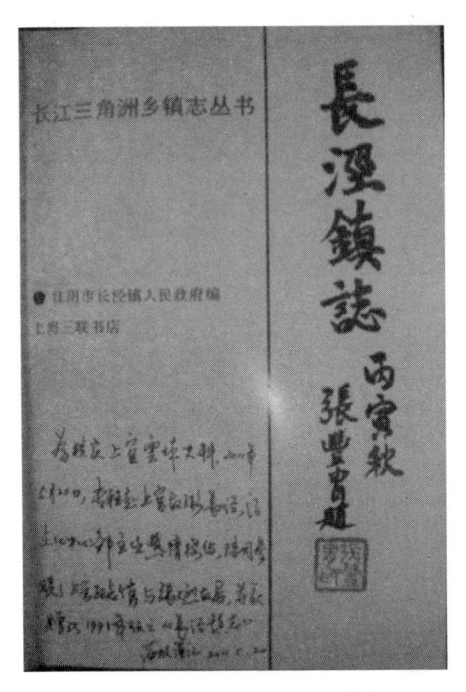

《长泾镇志》（写作本书的参考书目）

去了兰心大剧院。时间还早，他要掐准时间在中场的时分进去，便先在附近的街市兜了一大圈。进得场去，恰好是换场换布景的当口，只听场内是一阵震耳欲聋的呼喊："上官云珠！上官云珠！"很有力量，很有节奏。他想：这无非是姚克出钱雇来的街头小瘪三在喊，但凡新戏初期上演、新角初挑大梁，剧社、戏班和剧场的头儿都会安排这一个动作。大幕复又拉开，光绪帝、瑾妃、珍妃联袂登场，张大炎全神贯注于珍妃，但见其一言一行、一颦一笑、一念一唱，皆美妙绝伦，无可挑剔。他心里说：完了，完了，我张大炎已彻底地完了。

也不知是怎样走出兰心大剧院的，一路之上，张大炎矛盾挣扎，心潮澎湃，最后就泪流满面地作出了"与其弄得不可收拾不欢而散，不如各退一步好离好散"的痛苦决定。

回到家，他就伏在桌子上，就着昏黄的灯光，一面哽咽，一面动笔，给妻子写了一封信，大意是：这么长一段时间以来，我一直在强迫自己，一直在努力，要转过身来顺着你、支持你。可是，我的所有努力都失败了。越想支持你，我就越烦躁越苦恼。面对着你，我挤不出一丝笑颜，找不到一句合适的话语。我完全不能忍受你们艺人圈的那种工作氛围、那种生活方式，也忍受不了报纸上那些层出不穷的流言。我知道我最近很不讲道理，比如对你父母的态度就很恶劣。我知道我很不应该，可我实在控制不了自己。再这样下去我会崩溃，彻底崩溃。……我决定主动提出离婚，这样，对你、对我、对你父母、对我家人、对所有的亲朋好友都有好处。恬恬是我张家的骨血，得跟我，希望你不要有什么异议。离了婚，我会马上回到家乡去，去过那乡间的平静生活。回到了家乡，我会编个缘由，将我们离婚的事情遮掩过去，具体再与你细细商量。亲爱的妻子，让我最后一次这样称呼你，一切的错，都是我的错，是我心胸狭窄，是我封建顽固。但，即使我们已走到了这一步，我还是要告诉你，我自始至终都深深地爱着你，今天，我还是要劝你，告诫你，戏饭绝不是一碗好饭，需早早地警醒过来，摆脱那心魔，尽早离开那个是非圈子。往后的日子，一切自己珍重。……今晚，我就搬去学校的宿舍住，恬恬我暂不带走。

舞会结束上官云珠回到家，就在床头读到了这封信。她感觉很突然，她没想到他们的婚姻真的会这么快就走到了尽头，她毕竟还年轻，还没有经历过真正意义上的个人的大事，心里很有点害怕，于是就去征求父母的意见。韦妈妈说："怎么可以离呢？万万不能离，离了以后你怎么办？小恬恬怎么办？我明天就让你大哥大姐去劝劝他，相信他一定会回心转意的"。韦爸爸道："对这种事，照例应当是劝合不劝离的。可我看这女婿，已经是吃了秤砣铁了心了。我知道他心里是真的舍不得小弟的，可他的脑筋就是没有法子别过弯来，也不要怪他……我的意见是，托人去劝是该的，但估计一定劝不转。我想，也许这样也好，老话说，强扭的瓜不甜，勉强凑合着过一点意思也没有。"上官云珠道："那小恬恬怎么办？他可是我的心肝我的命啊！"韦爸爸道："随便怎么说，小恬恬他都是姓张，是他们张家的人，你舍不得他，我和老太婆就舍得了？我们一把屎一把尿将他拉扯大，天天'外公外婆、外婆外公'地欢叫，也舍不得啊。一想到小恬恬就要跟他爸爸一起搬走，也不知什么时候才能再见上一见，我的心就像有几把刀子在捅啊。可是，这有什么办法呢？只好想开一点，他是你的儿子，也是大炎的儿子，大炎不会亏待他的。"

事情果如韦亚樵所料，韦家派了几拨人去劝说张大炎，均是无功而返。一周半后，张大炎请了几位同乡好友作见证，赴上官云珠的寓所，心平气和地签署了"离婚协议书"。张大炎对所有前往劝和的亲朋好友都说了这样一句话：

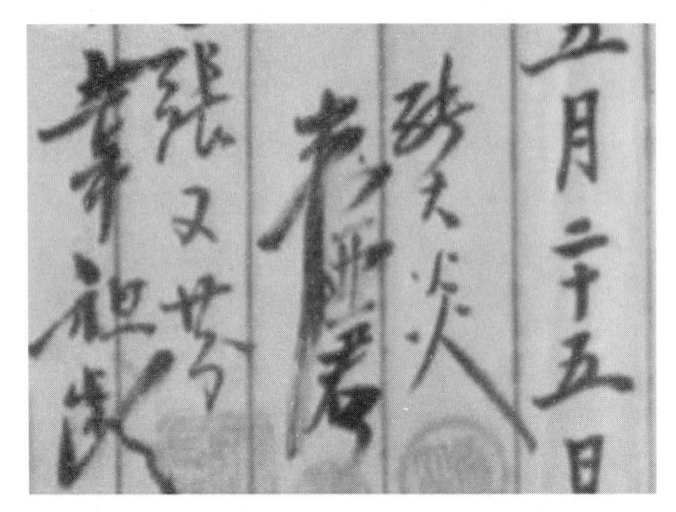

张大炎、上官云珠在其《离婚协议书》上的亲笔签名

"与其做个活王八，不如做个王老五"。这一句话，将别人所有劝和的话语都堵在了喉管之内了。

为顾全双方的面子，签毕，大家就一起协商张大炎回乡后该怎么说、怎么做，经韦亚樵提议，最后确定，就按张大炎第一次摔门而去时说的话为准："韦亚君于霞飞路上不幸被日本鬼子的军车所撞，已悲惨地殒命于车轮之下。"

至此，上官云珠的首度婚姻，宣告彻底终结。

离婚后，张大炎便回到了家乡，在家族的墓园中，大张旗鼓地为妻子营造了坟茔。

自此，张大炎、张其坚父子，于公开场合，便绝口不再提起上官云珠，乃至上官云珠恢复名誉后，《新华日报》、江苏电视台等媒体的一些记者去采访张其坚先生时，张其坚总是三缄其口，不愿吐露关于生身母亲的任何往事。甚至，张其坚还对异父同母的弟弟韦然先生所发表的关于母亲的言论和文章，表示了审慎的不认同，他才与母亲共处了几年啊？而且，共处时其尚在不懂事的幼年！张其坚认为，那些关于他母亲的故事，实在有太多流言的成分，他怕别人利用他将他母亲越描越黑。

后人温读上官云珠这第一段婚姻，总感慨不已："想着对方会因爱而让步，也想着用这让步来证明彼此之间的深爱，结果却是都不肯放下身段，大家都不让，终致爱情搁浅，而至枯萎、死亡。""两个人都没有错，是世俗观念的错。世俗的偏见，个人的面子，又有几人能释然？""漂亮的、有能力的老婆，非一般人能留得住；两个能力都很强的人结为夫妻，常常难以一同走到底，至少不会很幸福。当年的张大炎能力很强，当年的上官云珠更不弱。""爱的第一个元素就是器度，如果上官的第一任丈夫有这个器度，只要有起码的气度，那么，上官云珠的一生必将会大大地改写。夫妻之道在彼此包容，而非相互干预，更非权利之争。"

第二次结婚

1943 年 5 月底,上官云珠与第一任丈夫张大炎离了婚,仅仅隔了两个月,报上就登出了上官云珠与第二任丈夫姚克在北平结婚的消息。是年,上官云珠 23 岁,姚克 28 岁。

不难想象,两个公众人物的闪离闪合,该会引发何等丰富的想象,该会引起何等热烈的坊间议论。这种轰动效应,上官云珠迫切需要,姚克迫切需要,剧社迫切需要,媒体迫切需要,大众也迫切需要。

很有人想不明白,两人何必那么急啊,就不能缓一缓么?孰不知,那会儿虽没有"炒作"之说,却早有了娴熟的炒作技巧了。造势、借势,然后竭力渲染,对于一个艺人而言,是必须的。

也许正是因为这一次的闪婚,上官云珠给人留下了不好的印象:这是一位在男女关系上特别随便、特别混乱的女人呐!——她的第一次婚姻是未婚先孕、奉子成婚,她的第二次婚姻是搭奸于前、抛夫弃子于后,急吼吼等不及的样子根本就不避公众舆论。然而,事实上,这只不过是不了解真相的朋友们的"合理想象"而已,对于感情,对于婚姻,她并不像人们所想象的那样草率。

上官云珠正式办了离婚手续以后不久,剧社就接受邀请,北上山东、平津一带巡回演出。途中的火车上,剧社的诸多同仁闲来无事,就纷纷议论,说上官小姐与姚克先生真正是天生一对地造一双,是郎才女貌珠联璧合,之前之所

姚克上官无锡双人行后的小报报道

以会在报上出现那么多关于他们两人的绯闻，皆是冥冥之中天公在促成他们的姻缘，与其让其绯闻不断，不如促其弄假成真。一人起哄，人人响应。于是，大家就半开玩笑半当真地撺掇姚克前去求婚。接着，在众人推搡、戏谑、喧闹、捆绑的起哄声中，两人半推半就，各自被套上了婚戒。当时，上官云珠取下了戒指，说："这个，我暂时还不能戴上，我要好好考虑一下，婚姻不是儿戏，事关一辈子的幸福，我已经历了一次失败的婚姻，不能再有第二次的失败，我再也输不起了，先让我考虑一周如何？一周后一定郑重答复大家。"上官云珠想到，自己自从结识了姚克，才获得了戏剧方面真正意义上的启蒙，才对戏剧、角色有了更深刻的理解，这一阵子以来，他教会和影响了她太多，也给了她太多。她知道，如果没有他，她压根就不会有《雷雨》中饰演四凤、《清宫怨》中饰演珍妃的机会；如果没有他，自己铁定还是一个在戏中没有一句台词的跑龙套职员。她也想到，姚克虽然常被人们指称为"花心大佬"，说他身边总有多少多少个女人相伴，是个家庭观念十分淡薄、性观念十分开放、行为十分不检点的人。然而，就她自己与之两年多的交往经历来看，他们之间并没有发生过任何肉体的关系，她对报上捏造的他们婚外同居的报道付之一笑，还曾作过正式的声明，由此可见，传言并非一定是事实。她也相信自己，无论姚克在以前做过多少男女关系方面的出格事，他们结婚以后，她会管得了他。她想到，经同仁们这么轰轰烈烈的一阵大闹，若再不答应，以后又如何与姚克相对？自己在这个剧社还待不待得下去？她问自己，自己喜欢不喜欢姚克？他那么帅气、那么有才、那么有人缘，谁都喜欢，哪会不喜欢？她再问自己，他喜欢不喜欢我？如果不喜欢我，我在向他请教问题时就不会那么不厌其烦，如果不喜欢我，他就不会那么多次邀请我陪他参加朋友圈、工作圈的那些酒会与舞会。于是，一周后，在别人的催问声中，她点头答应了下来，明确了关系。到了北平，又得大家"拣日莫如撞日"的议决，将两人关入了洞房。于是，二人就登报公诸天下。

婚礼上，姚克当着数十位朋友、同仁的面对她说："我愿意她成为我的妻子，从今天开始相互拥有、相互扶持，无论是好是坏、富裕或贫穷、疾病还是健康都彼此相爱、珍惜，直到死亡才能将我们分开。"上官云珠听了这话，幸福的泪水就像开了闸门的洪水，奔腾汹涌。

客观而言，上官云珠嫁给姚克确实有一定的功利成分在内，然而，我们可以回观自己，也可以旁顾左右，普天之下又有哪桩姻缘（仅指双方自愿的姻缘）不带一丝一毫的功利成分？上官云珠虽然是半路出家，但在闯入演艺圈之前已在何氏照相馆结识了许多演艺圈的人士，闻听了太多太多关于演艺圈的故事，进入了这个圈子以后，又亲眼目睹、亲身经历了许多，一切的一切都告诉她，在这竞争残酷的演艺圈，要凭自己一己之力出人头地，将会何其艰难，不，与其说是何其艰难，不如说是根本就没有可能。她永远都记着上海滩上电影巨头张善琨曾经说过的这句话："会演戏又漂亮的女子多的是，光在上海滩上随便找找，就能找来几箩筐，谁都不稀奇。"与姚克成婚，机不可失，时不再来。

平心而论，上官云珠当年之所以投身演艺圈，本身就是奔着"出人头地"而去的，1951年，她在《演员生活十年》这篇自我批评式的文章中写道："向往光鲜亮丽的明星生活，向往明星头衔的骄傲光荣，羡慕明星生活之舒适惬意。当初所谓明星们的种种，实在大大吸引了我。"西谚有"不想当将军的士兵就不配做真正的士兵"的说法，一个人活着、生活着、工作着，是应当有点目标、有点理想和有点雄心的，只不过，一般的人，如我一样的绝大多数普通人，都

> 这个月前
> 我到何氏照相馆拍照
> 路上遇见姚克
> 顺便介绍他也去拍几张
> 这次外界的传言
> 起因或许就出于此事
> 如果说这样就是同居
> 岂不是笑话
> ——上官云珠

针对相关绯闻，上官云珠在《大众影讯》上所作的澄清

只将这人生的目标、理想和雄心当作一句口号、时闪时灭没去执着追求、顽强奋斗罢了。所以，我们一辈子只能是"芸芸众生"，始终成就不了一番事业。上官云珠不是一般的人，她不会得过且过、想过就算，她永远都在付诸行动。与姚克成婚，是她向人生目标迈进的重要一步。

是时，相关媒体这样评论姚克与上官云珠的这一场闪婚：《电影杂志》，她和姚克的相识，也是为了演戏的关系。姚克是话剧圈里相当有地位的人物，于是这位热情奔放的小姐就爱上了这位镀金的少年。《电影话剧》，终于在某一个月丽人静的晚上，他们人生的过程，开始着这样的一段孽缘。

婚后，上官云珠不仅成了上海法租界永康别墅姚公馆的女主人，更成了姚克话剧里的不二女主角。一年后，两人生下了一个女儿，取名姚耀，小名姚姚。

然而，上官云珠做梦也不曾想到，这段令她备感幸福的婚姻，仅仅只维持了三年不到的时间。与第一次婚姻的终结所不同的是，这一次是上官云珠首先提出了离婚、没有协商余地地提出了离婚，因为，是姚克违背了当年的婚誓，他的感情出了轨，他在背地里躺到了别的女人的床上，有了新欢。

1944年的上海，表面依旧是霓虹闪烁，车水马龙，内里却早已是风雨飘摇，千疮百孔。此时，距日本人入侵中国已过了六个半年头，距太平洋战争爆发已过了两个多年头。六年半来，日本侵略者与汪伪政府"精诚合作"，费尽九牛二

虎之力打造"东亚新秩序"、建设"皇道乐土",结果,却是连一块稳定的后方基地也没有能够很好地巩固下来。在东北地区,抗日联军从来不曾被彻底消灭,他们破坏铁路、封堵公路,弄得日本人火冒三丈,却又无可奈何;在京(指南京)沪杭地区,忠义救国军、江南义勇军、民间游击队神出鬼没,频出冷拳,今天杀几个鬼子,明天杀几个汉奸,弄得地方人心惶惶,却又防不胜防。两年来,日本军方将战火烧到了印度支那、烧到了夏威夷群岛、马来半岛、关岛、俾斯麦岛、巴布亚新几内亚岛、马绍尔群岛,试图速战速决,与德意法西斯瓜分整个地球,结果,却因战线拉得太长、敌国树得太多,兵力、给养明显不敷其用。上海一隅,从来就聚集着一大帮子"头尖尖,眼眨眨"的明眼人,这些"头尖尖,眼眨眨"的明眼人,一眼就看出了日本人的颓势、日本国的败象。汪伪高官在脚踩几条船,青帮红帮在打着小九九,宵禁与示威游行这种事越来越常态化,霞飞路挤满了衣衫褴褛的乞丐。于是,一些明眼人就明里暗里捣鼓起各式各样的投机活动来,在政治上投机,在经济上投机。投机的结果是市道混乱,物价飞涨。

上官云珠与姚克的女儿就降生在这个艰难而混乱的年头,姚姚的生日是1944年7月9日。1944年7月9日这一天,美日塞班岛战役在激战了20多天后,于"8000多名残余日军及其家属高呼着'天皇万岁',在北端高地的悬崖上集体跳海自杀"这一最后的景象中拉下了帷幕。是役,计有55000多名日本军民、5000多名美军士兵和大约900名岛上居民丧生。

姚克也是一位"头尖尖,眼眨眨"的明眼人,他当然看出了国际国内的军政走势。他对当前的国内政治形势与未来政局走向,心底里是门儿清,但他是个文化人,是个既受过中国传统文化熏陶又受过欧美现代思潮浸淫的文化人。他恪守"明哲保身"的"中立"、"独立自主"哲学,恪守"靠文学翻译、文学创作方面的真本事吃饭"的立场;他关注政治,却耻于政治钻营,凡事按自己的良心和独立判断决定取舍,不肯倒向任何一股政治势力。而对经济,他家家底厚实,从小就不缺钱花,从来不曾关注过赚钱养家,不曾从事过任何投资性、投机性的工商活动，基本上是一个理财上的白丁。

进入1944年，新婚妻子的肚子开始一天天大了起来，这是一件大喜事，他希望妻子怀的是一个大胖儿子。他对妻子说："到了5月份，你一定要将所有的演出活动全部都停下来，在家里好好养胎。"

妻子说："我可没那么金贵，我们的孩子也没那么金贵，现在市道不好，钞票越来越不值钱，菜市场里的蔬菜也一天要变几个价，接下来的日子怕连蔬菜也吃不起呢。等孩子一生下来，会有一大笔的开销等着我们，什么保姆钱、什么奶粉钱、什么尿片钱。演戏虽然挣不了几个钱，但至少可以喂饱自己的肚子。从现在开始，我们要能多挣一分就多挣一分、能少花一分就少花一分。关于养胎，到时候再看。"

姚克说："怎么可以到时候再看呢？你这是为难他们剧社呢！演戏又不是乡下人种田，谁都可以去垄几铁耙的，一定得把停演的日子定下来，否则，你让剧社怎么办？开销上的事，我可以另外想办法，我已经想好了，正准备改行，我已与一些朋友商量好，去弄一阵子广告生意。"

上官云珠说："你就舍得放下手中这支笔？"

姚克说："再舍不得也得舍得，为了妻子和孩子，有什么舍不得的。都怪这世道不好，我堂堂一个教授，在两所大学里任着课，还拼命写稿挣润笔，结果仍是入不敷出，真不知道那些平民百姓的日子是怎么过的。"

上官云珠说："这叫穷人穷过，富人富过。你从没有做过生意，如果赚不到钱又怎么办？"

姚克说："这个，你大可放心，人家是要我的名气和人脉，名气和人脉也可以换大把金钱的。哦，对了，有个做月份牌的朋友，已几次跟我说，让你去做几份月份牌上的主角，价钱蛮公道，我已经答应人家了，过两天先把这件事办了。"

上官云珠说："你别这样信心满满的，要知道，期望越高，失望会越大。"

姚克说："先试试再说，如果不成，大不了将乡下的房产田产卖掉一些。"

上官云珠说:"我可不准你去败祖宗的产业,日子真的过不下去,先当掉我的首饰和衣物。"

姚克笑了,说:"你的那些首饰,有几件是真货?能当几个钱呢?"

上官云珠也笑了,说:"你不是说名气也可以换钱么?恨只恨我的名气实在太小了。"

姚克说:"你出道才几年?你离真正出名还有一大段的路要走呢。我特别欣赏张爱玲说的'出名要趁早'这句话,但一个人要出名,真的是一件十分不容易的事。"

上官云珠问;"你愿不愿意我出名?愿不愿意比你更出名?"

姚克说:"我巴不得这样呢,如果真能这样,我就可以坐在家里吃老婆、陪老婆了,那多幸福啊。"

上官云珠笑道:"直到今天我才知道,你原来也是一个喜欢吃软饭的人。"

迫于生计,不久后,姚克就暂时放弃了翻译和写作,改做了一段时间的广告生意。他的生意做得不好也不坏,但收入比单纯写稿多了不少。

十月怀胎,一朝分娩,生下来一瞧,不是儿子,是个女儿。受过西方教育的人士的思想就是开通,姚克没说半句失望的话,喜形于色,托起这一个小小的新生命,颠了又颠,亲了又亲,道:"儿子女儿一样好",为她取名'姚耀'。隔了几天,他又上街买了一大堆婴儿用品与

上官云珠与姚克的结婚照

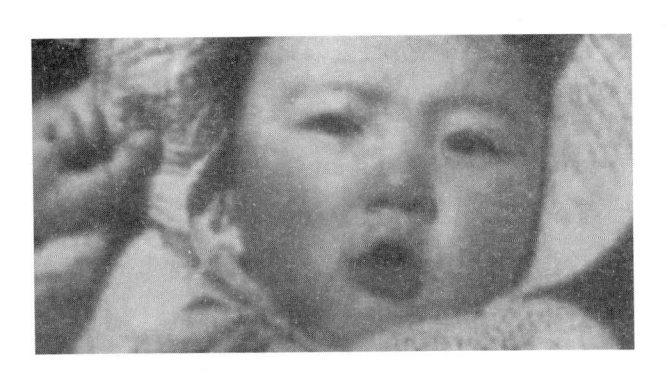

上官云珠与姚克的女儿姚姚的婴儿照

哺乳期营养品，呼朋引友摆了三十桌庆生喜宴。上官云珠极其感动，甚是庆幸自己"没有嫁错人"。韦爸爸、韦妈妈也喜极而泣，道："只有姚先生，才是我家小弟命里的真命天子。"

因为生了女儿，也因为这一年的市道特别不好，1944年全年，上官云珠只出演了《飘》、《双喜临门》、《云南起义》等不多几部话剧。

日子过得飞快，眼睛一眨，转瞬就到了1945年8月。

1945年对于世界，对于中国，对于上海，对于上官云珠，都是一个非常特殊的年头。

这一年的5月，苏联军队攻克了德国柏林，德军正式向盟军投降，第二次世界大战欧洲战场的战争宣告结束。8月，美国在太平洋战场大获全胜，逼近了日本本土，6日和9日，对广岛和长崎各掷了一枚"具有毁灭性杀伤力"的超级炸弹——原子弹。4月17日开始，中国军队向侵华日军连续发起了豫中会战，长衡会战，桂柳会战和湘西会战，实施了大规模的战略反攻，8月8日，苏联政府对日宣战，继而出兵中国东北，朝鲜和日本北方四岛。8月14日，日本政府照会美英苏中四国政府，宣布接受《波茨坦公告》，8月15日，裕仁天皇以广播"终战诏书"的形式正式宣布日本无条件投降，9月2日，日本投降的签字仪式在停泊于日本东京湾的美国战列舰"密苏里号"上举行，9月9日，在南京陆军总部举行的中国战区受降仪式上，日本驻华总司令官冈村宁次代表日本大本营在投降书上签字，交出了他的随身佩刀，正式向中国缴械。

日本鬼子投降了，中国的老百姓长长地舒了一口气：漫长的战乱岁月结束了，中国终于迎来了和平的时代，明天将是多么的美好！

姚姚出世刚满了百日，上官云珠就急于重返舞台。她对姚克说："没有上台都半年多了，观众怕都早已忘了我了，我得尽快重回舞台去，你去跟各位朋友打声招呼，看看近段时间有没有好的剧本、好的角色让我演，尤其是那些歌颂英勇抗日的戏。"上官云珠的心里很是焦急，她知道，一个做演员的，是不能对政治无动于衷的，更是不能让观众忘记的。

令上官云珠没有想到的是，她的这个想法，遭到了姚克的坚决反对："不行，不行，绝对不行。女儿还这么小，还在吃奶，她怎么能离得开娘呢？你又怎么忍心丢得下她？再说了，你没看到我这一阵子里里外外忙得不可开交么？我必须静下心来，好好创作一批庆祝抗战胜利的力作。我们夫妻两个，总要牺牲一个照顾家里。有句名言说得好，'一个成功男人的背后，总有一个默默奉献的伟大女性'。……我的意见是，你要重返舞台，起码得等到姚姚满了五岁，最

1945年8月底各界热烈庆祝抗战胜利

好是满了七岁的时候再说。"

上官云珠道："宝贝有人照顾着呢，我妈在照顾着她、冯小姐在照顾着她，一个小不点，用不了三个大人一同去照顾的。你要我等五年、七年，还不等没了我的青春、我的性命？不得等到了人老珠黄的辰光再出山。你说等三年、七年，假若又怀上了几个，又该怎么办？你心里的意思，分明是要让我永远待在家里嘛。"冯小姐是姚克从产科医院雇来家中帮助料理婴儿生活起居的一位职业护士，是个长得不大好看的老姑娘。

姚克道："中国家庭的最佳形式，从来就是男主外女主内，你让我说心里话，我的心里话就是盼着你安安心心待在家里，一心一意相夫教子。"

上官云珠道："我们在婚前不是早就说好的么？你说，'卜官，你嫁给我，我会尽我的全力培养你、扶持你，让你成为大明星。'正是因为你支持我演戏、理解我演戏，我才答应了嫁你。"

姚克道："那时是那时，那时不是我们还没有孩子么？"

上官云珠道："你真会赖皮，可见在你的内心深处，并不比张大炎少封建多少。"

姚克道："你怎么扯到封建上头去了？这与封建没什么关系。张大炎也并不见得是真封建，他就是性格多疑、心胸狭窄罢了。说不过你，说不过你，随你了，随你了。但不管怎么说，孩子以后若有什么三毛四病的，你得保证守护在她的身边。"

上官云珠道："这个不消你说，我会的。宝贝是娘的心头肉，哪有不疼、不爱的道理？"

姚克道："吃这戏饭，会生出瘾来的，你越执著就会陷得越深，我担心你最终会没有法子兼顾演戏和抚育孩子。"

上官云珠笑道："我之所以这样执著，全是因为读了你的《怎样演出戏剧》，是中了你的毒，你这害人精，真是害人不浅。"

如是，两人结婚才过了一年，思想上便有了越来越多、越来越大的分歧，在事业合作上已失去了当初的默契。

抗战胜利，上海富丽之都、繁华之都、文化之都的角色不仅重又回归、而且更上了层楼。之前四散去了重庆、香港、广州、昆明、武汉、北平的电影人差不多在同一时间里都回到了上海。大上海的各大影院从此再不总放日本影片了！一直引领国产电影的上海电影势将再一次迅速崛起！

上官云珠终于熬来了这个千载难逢的机会，并且不失时机地紧紧地抓住了这个千载难逢的机会。产后复出的她，不顾丈夫的阻挠，在上海电影再一次崛起的前夜，一下子接演了《尤三姐》、《恨海》、《雷雨》、《情挑》、《清宫怨》、《葛嫩娘》、《蜕变》、《魂断蓝桥》、《重庆二十四小时》、《黄京魔》、《未了缘》、《秋海棠》等超过十部的话剧。

可就在这个时候，在上官云珠家庭生活的天空，却已密布了乌云，一场雷鸣电闪的冰雹雨即将到来。

1945年年底，沪上文艺界接受政府当局的动员安排，选派队伍开赴全国各地举行庆祝抗战胜利、和平建国的巡回演出，上官云珠服从分配随南国剧社去天津、济南、青岛一带巡演。临行之前，上官云珠与姚克之间有这么一段对话：

姚克："你可不可以不去那么远的地方，你有不满周岁的女儿需要照顾，你有充足的理由可以不去。在上海，你照样可以上舞台。"

上官云珠："当然可以不去，但我不去，别的人同样可以不去，谁都可以找出三条五条理由来申请不去。我知道北方的道路还是很不通畅，一些地方还有猖獗活动着的土匪，也知道那里的饮食不合我们南方人的胃口，但我不能那样自私。你一直跟我说，树人先树德，我不能把苦的难的推给别人，把甜的易的留给自己。你现在已当上了兰心大戏院的经理，相对来说不很忙了，在我外出期间，就请你多费点心照顾家里。"

姚克："我之所以不同意你远行，其实是担心着你的安全。"

上官云珠："日本人都投降了，国共已合作了，战争结束了，还有什么不安全的？再说，我们这一次的巡演，政府是安排了军队保卫的。"

姚克："日本人是投降了，可国民党与共产党是水火不相容的两个党，你相信他们真会握手言和、真诚合作、和平建国么？依我看，内战随时随地都可能爆发，而随时随地都可能爆发的战争，恰是最最危险的，对一般老百姓的生命安全威胁更大。"

上官云珠："不是有美国人在监督着双方么？打得起来么？"

姚克："你会相信第三方的调停？两个人打架，他们打不打有谁说了算？劝架人不过是劝架人，他说了不算。"

上官云珠："真希望这仗再不要打了，老百姓再经不起战争的伤害了。"

姚克："希望永远是希望，依我分析，这仗是非打不可的。"

上官云珠："为什么这么说？"

姚克："因为两党的主张南辕北辙，水火不容。"

上官云珠："你拥护蒋先生还是拥护毛先生？"

姚克："我一个都不拥护。"

上官云珠："国共如果打起来，将谁胜谁负？"

姚克："这个，不大好预测。多数人认为，共产党的力量小得可怜，不堪一击，非败不可，可我不这么看，他们反弱为强、反败为胜的可能性也相当的大。"

上官云珠："如果共产党得了势，中国会怎么样？"

姚克："会和苏联一样，穷人翻身得解放，富人落难遭祸殃。像我这样的人，决不会有好果子吃。"

上官云珠："这么说来，一旦共产党获胜，坐了江山，你就会跑去国外了？"

姚克："我想，我不会去国外，会去香港。"

上官云珠："可是，我不想离开上海，我太爱上海这地方了。"

姚克："到时，你得跟我走，你得嫁鸡随鸡，嫁狗随狗。"

上官云珠笑:"什么嫁鸡随鸡,嫁狗随狗,我不走的,我要拖牢你留下来。我不走,你必定也不会走的是不是?你怕什么呢?你也知道我哥我姐是什么人,他们会罩着我们的。"

爱的决裂

上官云珠这一次随队去天津、济南、青岛一带巡回演出，一去去了四个多月。

在上官云珠离沪的这四个多月里，姚克作为新任兰心大戏院的经理，工作也是排得满满当当。他有两桩非常重大的事情要做：一是要全力做好音乐剧《万里长城》（又名《孟姜女》）的各项剧务工作，因为首场演出会有宋庆龄、宋美龄以及美、苏、英、法等驻沪使节莅临观看；二是要妥善组织好京剧大师梅兰芳先生的庆祝抗战胜利专场演出，此是梅先生息影戏剧舞台五年后复出的首次专场演出。

就在这期间，姚克邂逅了后来与他相伴终生的红颜知己吴雯女士，发生了报上所说的"就在上官云珠离开上海赴天津、济南、青岛一带巡回演出不久，姚克难

《孟姜女》上演时的招贴广告

耐寂寞，另寻了新欢"这档子事。

吴雯，祖籍江苏镇江，1922年6月出生。其父吴寄尘是清末状元、中国近代著名实业家和教育家、大生纱厂和复旦公学创办人张謇的得力干将。是时，他是南通和上海的大生纱厂的总经理。吴雯毕业于上海光华大学英文系，精通英文，爱好文学和戏剧。

关于姚克的这一次出轨，姚克与吴雯所生的第五个孩子、斯诺的干女儿、美国克莱尔·吉阿尼尼基金会主席、中国国际友人研究会名誉理事姚湘女士作了如是描述：爸爸与妈妈的结合，只能用一个"缘"字来解释，是前世注定，是天作之合。妈妈一生酷爱梅兰芳的京剧艺术，1945年抗战胜利时，梅兰芳在上海兰心大戏院参加庆祝演出，妈妈排了好几天队都没能买到票。她灵机一动，就装扮成合唱团的女学生混进了戏院，结果被正当着戏院经理的姚克发现，姚克要请她出去，妈妈就噙着泪诉说她如何如何崇拜梅先生、如何如何喜爱戏剧艺术，谈话中间，有个外国人进来，这个外国人是姚克的朋友，他们就改用英语交谈。妈妈从他们的谈话当中得知，眼前这位要赶她出场的风度翩翩的男子，原来竟然就是大名鼎鼎的鲁迅先生的首徒姚克先生，便用英语加入了谈话。姚克对妈妈的英语会话能力大加赞赏，结果，不仅没有请她出去，而且还将她带至后台，见到了仰慕已久的京剧大师梅兰芳，目睹了大师如何从一个相貌普通的男儿蜕变成一位娇柔美少女的全过程。之后，两人就有了交往，交往一段时间后彼此都情不自禁地堕入了情网。姚湘说：父亲姚克一直很有女人缘，他的名字总是和一些名女人连在一起，直到遇到母亲吴雯。外公家是体面人家，母亲的家人没一个不反对母亲的选择。父亲毕竟已是离过了两次婚的男人，他的社交圈子非常复杂，他职业圈子里的男女关系随便，他的观念做派前卫时尚。可母亲不管不顾，非他不嫁，明知嫁错也非他不嫁。家人拿她没有办法，就只好随她。于是，不久后，姚克就在上海的报纸上登了与上官云珠结束同居关系的声明。1947年5月16日，爸妈在南京龙门大饭店举行了婚礼，曹禺等多位剧作家出席并见证了父亲与母亲的结合，第二天，爸爸同时在上海《申报》和英文《南华早报》上刊登了迎娶妈妈的结婚声明。

这边厢姚克与吴雯倏然相遇，一见钟情，卿卿我我，如漆如胶，动静虽不大，风波却不小，两人的情事很快就被小报记者窥见，捅到了报纸上。那边厢上官云珠才到了天津，刚演出了一场，就接到了留在沪上的几个同事、朋友寄来的报纸和信函。上官云珠读之，一笑了之，并没有当作一回事。

这怎么可能呢？吴雯是什么人？吴雯是一位出身名门的大家闺秀、一位刚刚毕业的冰雪聪明的大学生，其父吴寄尘是清末状元南通张謇的左膀右臂，大生纱厂的总经理，她所接触的青年才俊车载斗量，她条件那么好，眼界那么高，她怎可能爱上一个比她大了十几岁的穷酸书生？

第二天，哥哥韦宇平、姐姐韦月侣也寄了信来，告诉她："无风不起浪，不可等闲视之。"读了哥姐的信，上官云珠笑了，暗道："哥姐居然也信这谣言。"

然而，就在第三天，上官云珠就不得不凝神正视了。这一天的午后，午睡起来，她正与剧社的同事排练着晚上即将演出的《保卫卢沟桥》，她在戏中饰演"打响全民抗战第一枪"的二十九军英雄团长吉星文的妻子沈嘉斌，刚好排到"送别"那一幕，外面来了个火急火燎的邮差，犹在远处，那邮差就气喘吁吁地大叫："谁是上官云珠，快出来接电报！谁是上官云珠，快出来接电报！"上官云珠心里一个激凌，心房中的一颗心"扑嗵、扑嗵"狂跳，她最担心宝贝女儿姚姚会出什么意外，也担心阿爹、阿妈，阿爹、阿妈年事已高，很可能突发急病，她压根没想到姚克会出什么事。她接过电报，攥在双手中，闭眼匀了匀气，原来是大姐韦月侣拍来了一个加急电报，电文只短短十三个字："报上言，姐查之，是实，速回尚可救。""是实"？姚克真的出了轨了？不能啊！

上官云珠眼前一黑，身子差点瘫倒在地。她闭上眼睛，将自己放在黑暗里。人活着，需要光明，也需要黑暗，这时候，她真的希望一直呆在黑暗里，永远也不要走出来。好一会，她睁开眼，抬眼看天，北方的天空白云朵朵，阳光灿烂。白纸黑字，电报纸就在手里，她用眼角看看左右，见周围并无旁人，便展开电报纸，又凝神读了一遍。晴天也会起霹雳！好想哭，却没法哭，"速回尚

话剧《雷雨》剧照（王丹凤与上官云珠）

可救""速回尚可救"，可是，可是，今晚还要登台，计划中的天津巡演还有七场戏要演，怎么可以将戏扔下速回啊？上戏犹如上战场，看赵登禹、吉星文、王长海他们，他们可以以赴死的英雄气概泪别妻儿浴血沙场，我怎能仅仅为了一个"家变"的流言而"速回"？！"速回尚可救"，"速回尚可救"，真的会有救么？如果他们真的已经跨出了那一步，我"速回"又有什么用处？我不见得会矮下身子低声下气去向他哀求，哀求他回头，更不见得会毫没风度地去泼妇骂街，耍泼起不了任何作用，天要落雨娘要嫁，这种事情，落在谁的头上都无可奈何。命运总要想来毁灭我，什么也毁灭不了我的，没有什么可以打败我。一切的一切都来吧，我不怕。且专心致志完成了本次的巡演任务再说。想到这里，她舒了一口气，调整好情绪，回到了排演场。同事们围过来，紧张地问："加急电报是怎么回事？家里发生了什么？"她装出一副神态自若的样子，答道："是我家小姚姚得了急性肺炎，住了几天医院，用了几针盘尼西林，已经没事了，姐姐拍电报来，是让我放心，让我不要挂念。"话毕，便一如往日认认真真地投入了排演。

《保卫卢沟桥》这台戏，自己的丈夫也是编剧之一，参演这部戏的时候，上官云珠总感到有一种特别的自豪感溢满心田，总是特别投入。

这一天散戏后，她一个人去到了海河边，大哭了一场。天上是一弯孤寂的冷月，脚下是层层拍岸的浪涛，远处是黑黝黝的城市的剪影。她对自己说，哭吧,哭吧,把所有的泪都哭出来。哭完,她就吟诵《保卫卢沟桥》中吉星文将军的台词:"卢沟桥就是我们光荣的坟墓,守土有责,我们决不放弃阵地!"吟了一遍又一遍。吟毕,她号啕大哭,声波扩散到身旁的树冠,树叶"簌簌"颤动不已。哭声惊动了附近蔽身于桥洞中的一群流浪者,他们跑过来问她、劝她:"究竟发生了什么事,你说出来就好受了。""千万不要想不开,千万不要做傻事,回家好好睡一觉,醒来看到太阳出来,就什么事也没有了。"这群流浪者个个衣衫褴褛,个个一脸关切,上官云珠想起自己当年当战争难民的经历,心有触动,便收起了泪,昂起了头,道:"谢谢你们,谢谢你们。其实,我什么事也没有,我是个演戏的,刚才那样子,只不过是在练习戏里的一段。"流浪者们你看看我,我看看你,将信将疑,缓缓回转。走得远了,一人道:"我肯定,那女人一定是一个疯子。"众人皆附和:"肯定是疯子!"

一周后,演出任务全面完成,上官云珠踏上了回沪的归途。归心如箭,烦愁无边。人前依旧欢声笑语,人后打湿多少枕被?屋漏偏遇连阴雨,破船还遭横来风,火车行至山东地界,因暴雨冲毁铁路路基,流民哄抢铁路物资,被迫停于中途,耽搁了三四天方继续前行。度日如年,心急如焚。一路之上,火车的轰鸣声将上官云珠的呜咽声吞没,剧社的同事竟无一人觉察到上官云珠的异样。

上官云珠下了火车,第一件事便是打电话找大哥韦宇平、大

姚姚的儿童照

姐韦月侣,三人约定在韦月侣的寓所碰头。韦宇平、韦月侣都是中共地下工作者,打听、求证这点事情,是轻车熟路,易如反掌。此时,两人已将姚克与吴雯之间所发生的一切摸得一清二楚。上官云珠强抑悲苦的情绪听完两人的述说,知道事情已发展到了再也不可逆转的地步。韦月侣问:"小弟,告诉哥姐,你打算下一步怎么办?"上官云珠抹去脸上的泪珠,道:"好聚好散。我将这段感情当作一段已经落幕的戏。"韦宇平问:"那姚姚跟谁?"上官云珠道:"过错在他,姚姚必须得跟我,这是我唯一要坚持的。"韦月侣又问:"那——,准备什么时候了结这事?"上官云珠道:"快刀斩乱麻,吃过了晚饭,就约他出来谈。"韦宇平道:"那大哥大姐陪你一起去。"上官云珠道:"不用,我一个人去就行,这是我与他两个人之间的事,与你们无关。我不会与他大吵大闹,你们放心。我最担心的是,阿爹阿妈会想不通,会去找姚克论理。你们该做的事是,去帮我好好劝说劝说阿爹阿妈,让他们不要乱来。"

霞飞路上的格陵兰咖啡厅,又是这家咖啡厅。当年,何佐民约张大炎出来打消张大炎的误会是在这家咖啡厅。婚前,姚克约上官云珠出来谈恋爱是在这家咖啡厅。婚后,夫妇俩接待文化界的各路朋友也多数选在这家咖啡厅。今晚,上官云珠约姚克出来协商分手事宜又选在这家咖啡厅。

两个人对面就座,衣着同样时尚,灯光依然柔和,没有怒声,没有争论,彼此有点拘束,不知道内情的人,还以为他们是一对初恋的情人。在妙曼的音乐声中,他们大约只谈了二十来分钟,谈的核心问题只有一个,就是他们共同的女儿姚姚将来跟谁过,上官云珠没有任何多余的话,直奔主题,道:"姚姚必须跟我,失去了姚姚,我也就失去了一切。我不希望姚姚有个后妈,对于一个儿童来说,最不幸的事莫过于有个后妈。我保证,我会让姚姚永远姓姚,我还保证,我会倾我的全力让姚姚接受最好的教育。"她的提议合情合理,姚克无法反对,沉默了好一会,姚克斟词酌句地道:"事情来得太突然,会发生这样的事,连我自己都万分惊讶,一切过错都在我,是我背叛了你,我对不起你。我不会与你抢夺姚姚,虽然,我也是多么多么的爱她。我会把房子留给你,会把全部的积蓄留给你，我净身出门。另外，我会尽我所能筹一笔钱给你，你放心。"上官云珠道："我不要你的房子，我不要睹物伤心，我不跟你讨论钱这个问题，我不是一个贪财的女人，我相信我养活得了我们母女，我相信我们母女会活得很好。我会让我的女儿住最好的房子、玩最好的洋娃娃、穿最好的衣服、上最好的学校。"姚克被噎，一时说不出话来，好一会，才道："我知道你的苦。这样也好，有了姚姚在你身边，你心中的苦也许就会淡去许多。"上官云珠道："你我夫妻一场，我有一个忠告送给你。"姚克硬着头皮往下听，道："你请讲，我听着呢。"样子像个小学生。上官云珠道："从前，你在苏州的沧浪亭，给我讲了陈芸娘与沈三白的故事，你说，这两个人，是古往今来天下第一模范夫妻，我以为，你是大错特错了，这对夫妻，无论放在什么时代、什么地方，都不会幸福。你知不知道，在陈芸娘的肚子里，永远有着倒不完的苦水，她是强颜欢笑，是打落牙齿吞下肚，是生不如死。"她顿了顿，接着道，"你总想娶一个与陈芸娘一样的妻子，你摸摸自己的心，你的心是何等的冷酷。你还曾跟我讲过钱谦益与柳如是的故事，钱柳是好姻缘么？你以为是好姻缘么？一个24岁的青春女子嫁与一个60岁的元配犹在的垂死老翁，这是什么样的好姻缘呢？如果你有亲妹妹、亲女儿，你会同意她嫁这样的人么？哪怕那老翁是孔夫子、是天王老子。如果你朋友、邻居的妹妹、女儿嫁了个年纪大她两三倍的老翁，你会站在一旁啧啧称赞么？这一个忠告就是，你以后再不能那样花心了，如若娶了吴姑娘，要对她一心一意地好，生死不渝。"姚克一向擅以演说，这一次，他沉默寡言。

三天后，上官云珠抱着小姚姚，拎着三口大皮箱，搬出了姚公馆，典了一处西班牙式的雅致公寓住了进去。

两年前，他们闪电般地结婚，曾经引起了许多人的羡慕，两年后，他们闪电般地分手，又引发了许多人的惋惜。上官云珠曾为他们的结合备感庆幸，此刻，痛定思痛以后，她也为他们这一次的分手而庆幸。姚克这个人，终究不是一个可以终身依托的牢靠人，是脓疮总会化脓，早点把脓挤去、把疮剜去，岂非幸事一桩、好事一件？若是等到姚姚长大了再发生这种事，那才叫情何以堪！

平心而论，这一次的婚姻失败，对于上官云珠的打击，可用"非同小可"一词来形容，只不过，她将一切心情方面的恶风浊浪、痛苦煎熬遮蔽在了明理明事、气定神闲的表象之下了。事实上，这一次失败的婚姻，不仅对上官云珠的身心造成了极其深重的伤害，也给他们的女儿姚姚造成了极其深重的伤害。关于这次婚姻失败对于姚姚的伤害，20年后终于大爆发，给人们留下了"人间最凄苦者莫过于姚姚"的印象。

与蓝马相遇

　　无论高山、深谷与平地，每一株参天大树都具有不惧风雨雷电的品格；无论政界、业界与民间，每一位成功人士都赋有不畏艰难困苦的性格。又一次遭遇了婚姻变故的上官云珠，表现出了异乎寻常的坚强，依旧是那么的执著、那么的活泼、那么的好学。正是这种愈挫愈勇、百折不回的倔强与坚定，造就了上官云珠未来的成功与光荣。

　　一切都已准备好，她唯一所缺的，就是机遇了。1946年，是抗战胜利后的第一年，也是沪上电影界酝酿、孕育历史巨片的年头。1942至1945年，在日本人进占租界的整整四年里，上海愣是没有拍出一部像样的电影来，应当将被日本人夺去了的岁月再夺回来，我们曾经光荣地拿出过《渔光曲》、《桃李劫》、《神女》，拿出过《风云儿女》、《马路天使》、《十字街头》，我们会拿出更好的，一定会！1946年，沪上的电影人摩拳擦掌，跃跃欲试，是铆足了劲。

　　也是凑巧，就在上官云珠与姚克解除婚约之后不久，沪上话剧界迎来了一件大事。一向在内地发展被誉为"重庆石挥"的话剧演员蓝马，接受沪上"话剧皇帝"石挥的邀请，来沪献演《升官图》。报上将蓝马的演技描绘得十全十美、神乎其神，报上还将蓝马描绘为"学者演员"、"诗人演员"。

　　报上所说的蓝马的种种，深深地吸引了上官云珠，她暗下决心，一定要结识他、要做他的学生、做他的朋友。

在蓝马于沪上首场演出的前三天,她就做足了各种精心准备。她通过老同事石挥弄到了一张第五排中间位置的戏票,查找了所有能够找到的关于蓝马的资讯资料,赴花店预订了一只昂贵的花篮。她下决心接近蓝马,目的只有一个,这就是,多一位闻名于业界的师友,自己也就多一个学习的机会,多一条上戏的路子。

演出开始,蓝马出场。蓝马于戏中饰演省长,于公众场合,他大腹便便,装腔作势,目空一切,满嘴仁义道德;于私密圈子,他投机钻营,耍滑藏奸,唯利是图,出口低级趣味。蓝马的表演,语言幽默夸张又自然贴切,动作发噱搞笑又不失分寸,真正是炉火纯青,无可挑剔。上官云珠观之,打从心眼里佩服,佩服得五体投地,两个巴掌拍的,差点要肿起来。演出结束,她便奔去了后台。

于是,后台就出现了这样一个场景:蓝马的卸妆镜里闪入了一个时尚活泼的美人倩影,她是他的超级"粉丝",她几乎知道他演过的每一折戏、写过的每

上官云珠与蓝马

一篇文章，背得出他发表的每一首诗。她仰慕他的艺术才华，喜欢他的平易近人，她要拜他为师，她请求他适当时候给她个机会，与他同台演戏。交谈中，他知道了她的身份，知道她曾是"鲁迅首徒"、一流编剧姚克的夫人，是沪上小有名气的同行，也知道了她这几年在演艺路上的艰难跋涉，知道了她在情路上的委曲痛苦。对于这样一位对着自己掏心掏肺的可人儿，蓝马不会拒人于千里之外，当然是满心欢喜、满面含春。在随后的日子里，两人你来我往，很快就发展成了非常热络的一对。30多年后，两人当年共同的同事回忆说："上官与蓝马相爱时，已经是离过两次婚有了两个孩子的人，但她仍然能够毅然决然地爱上一个人，疯狂得有如初恋一般。"

面对这样一个娇美可人、谦逊温顺的同行，加之同情她过往事业路与感情路的曲折磨难，蓝马非常非常怜惜她，也非常非常喜爱她，没多久后，就对她产生了恋情。

因了对上官云珠产生了情愫，蓝马便留在了上海，加盟了沪上的中国剧艺社。

因了这人生路上的第三次恋爱，上官云珠又一次获得了一个华丽转身的难得机遇。

是时，著名导演汤晓丹的《天堂春梦》，经过一段时间的精心准备正着手开拍，因了蓝马的演艺实力以及其在全国话剧舞台上的顶尖名声，他很快就被确定担任影片中的男二号龚某。汤晓丹是位非常谙熟电影表演艺术的人，他知道，电影艺术是一种多方配合、紧密合作的艺术，所以，在甄选与男二号配戏的女二号龚妻时，他首先去征求了蓝马的意见，蓝马不假思索，推荐了上官云珠。上官云珠？汤导认识上官云珠，不仅认识，而且还相当熟悉，他们在一起喝过好多次的咖啡、参加过好多场的舞会，她在话剧舞台上小有名声，但其名声或者半数是由她的第二任丈夫姚克给她带来，她也演过几个电影，那几部电影都反映平平，算不得有什么资历。她很活跃，很刻苦，很善解人意，也很有绯闻，她行吗？她已27岁，青春已逝，观众买不买她的账？她撑得了吗？汤晓丹从没有想过要用她，对她一点信心也没有，却不好过分去驳蓝马的面子，便道："你的建议我会认真考虑。"

对于蓝马的推荐，汤晓丹翻来覆去权衡了几个晚上，决定不用。然而，如何才能不伤面子地回复蓝马呢？汤导就想了个主意：通过主创班子会议来否决蓝马的提议。

不出汤导所料，在主创班子会议上，除了蓝马一个人固执已见以外，会场是一面倒的否决上官云珠。一些理由是非常非常的充分，比如上官云珠的年龄。电影饭是青春饭，观众都喜欢青春靓丽的女演员，自电影发明以来，还没听说过有哪位"半老徐娘"在银幕上倾倒众生成为明星的。她已27岁，已是两个孩子的母亲，不少已成了名的女星，到了这个年龄上，都已主动息影了，比如叶秋心25岁，徐来26岁，黎明晖29岁，袁美云31岁，张织云30岁，王汉伦32岁，丁子明24岁，杨耐梅27岁，陈玉梅26岁，夏佩珍27岁，宣景琳29岁。蓝马急了，站起来，情绪是异常的激动，面孔鲜红，与与会人员大谈上官云珠的悟性、潜力，最后拍胸保证，说了这样的狠话："请相信我的眼光，我绝对保证她的演出质量。如果演砸，唯我是问，我将引咎自责，以永远退出影剧舞台向诸位谢罪。"众人见蓝马执意坚持，将话说到了这个份上，便通过了蓝马的推荐。

于是，上官云珠便于1946年的年末参演了电影《天堂春梦》。她果不负蓝马所望，将龚妻那种前恭后倨、势利狠毒的形象刻画得惟妙惟肖，入木三分。拍摄过程中，汤晓丹几次三番检讨了自己的"先入为主"，称赞蓝马"慧眼识人"，称赞上官"果是灵颖"。《天堂春梦》上映后，因其故事情节贴近现实生活（剧情以讽刺抗战胜利后的"接收大员"为主线），列位主演的表演臻于精湛水准，获得了空前的成功。上官云珠在此片中的表现，获得了媒体"惊动影坛"的四字评价。

《天堂春梦》拍竣上演，上官云珠一夜之间"惊动了影坛"，真正实现了由舞台而银幕的华丽转身。一时间，鲜花和喝彩包围了这位风韵正好的少妇。

在庆祝酒会上，汤晓丹拥抱了每一位主演，拥抱时间最长的是上官云珠："汉奸妻这一角，戏份本是第三位的，是你将她演活了，终使这一角色成了全戏的总枢纽，你是我们的功臣，是我们的福星，我感谢你。"上官云珠道："主要是剧本编得好，导演导得好，蓝马先生带得好，全体同仁都卖了死力。我一个新人，不过认真学生意罢了。要说感谢，我要感谢各位的栽培。"在这个酒会上，上官云珠总共敬了蓝马九杯酒："如果没有您，就没有我的今天。"每敬一杯酒，她都说这句话。这是她的心里话，说一百句，她还是这句话，说一千遍，她也愿意。蓝马是个随性之人，碰杯即干，绝不推诿，这一晚，大伙都非常高兴，彼此间你来我往不知喝了多少酒。蓝马喝得肚大头大，烂醉如泥，不分南北，不知道自己是谁。闹哄哄中，上官云珠接受众人推派，负责搀扶蓝马去旅店。蓝马真沉，上官云珠真有点扶不动他。一路上，两人左跌右撞，几乎占据了整条的道路，好几次，两人都跌坐到了地上，不是你压了我，就是我压了你，然后哈哈大笑，挣扎着摇摇晃晃站起来继续走路。路人看见，掩了鼻，纷纷笑骂："瞧，这一对醉鬼。"到了旅店，蓝马犹兴奋不已，非让上官云珠继续陪他喝，喝完又唱又跳又吟诗又说台词，而后是云中漫步，冰面奔跑，悬崖弹唱，疯得一塌糊涂，吐得一塌糊涂。上官云珠脱不开身，唯有舍命陪君子，她尽管酒量非常大，但也禁不得千杯万盏，也已微醉，这一晚，她摇头晃脑哼唱了几十首沪上的时令歌谣和家乡的俚词小调，端茶奉水时也哼，擦桌拖地时也哼，洗衣晾衣时也哼，赔笑陪疯，忙得不亦乐乎，乐得心花怒放。至三更天，蓝马倒地便睡，上官云珠使出吃奶的力气才将他弄上床，"重得像一头猪。""打呼也像一头猪。""这是一头好可爱好可爱的猪猪。"她累得气喘吁吁，香汗淋漓，喘了一个时辰才平息下来。蓝马的身上，到处都粘了呕吐物，嘴角、鼻翼、眉眼、头发、咽喉、手臂、衣裤，上官云珠用湿毛巾仔仔细细、轻轻柔柔、反反复复为他拭擦，拭擦得干干净净。突然，蓝马张开双臂就抱住了她，将她箍得紧紧的，死不放手。上官云珠挣脱不出，又不忍弄醒睡得糊里糊涂的他，只得眠在他的怀抱。太阳很高的时候，蓝马醒了过来，一看这情景，颇是自责，他以为自己在醉中对她做了不该做的事情，"酒不是一个好东西啊！"

他轻轻推开上官云珠，悄悄起床，环顾左右。他看到，房间的所有空处都晾着她为他新洗的衣服，他好难为情，好过意不去，双手遮了双眼不迭说"对不起"、"对不起"。但听上官云珠扑哧大笑："蓝先生，您好可爱，太可爱了！对不起，对不起，你这人是自己对不起自己呢。"笑声清脆而娇美。原来，上官云珠睡眠很浅，稍有动静就会惊醒。蓝马听闻，下意识地就将自己的头颅埋入了被窝，羞得无地自容，非要等她出了门以后才肯钻出来。关于蓝马落拓不羁、邋里邋遢、"吃饭不识饥饱，睡觉不识颠倒"、"拿着钥匙寻钥匙，掉了纽扣敞胸"的私人生活，上官云珠曾经听说过很多很多，今天看到蓝马房间里有那么一大堆的脏衣服，那白衬衫领袖处的油腻与剃头店的披刀布比起来犹过之无不及，就道："蓝先生，您该有一个家，该有个女人来照顾您。"

怀着无比的崇敬和无比的感激，上官云珠决定将单身独居、客居旅馆、不会任何家务活的蓝马接进自己租住的西班牙式公寓。在一次酒会上，当着一帮记者与同仁的面，她向蓝马发出了邀请："我说蓝先生，我家里的房间空着也是空着，就搬去我家住吧。住旅馆，又花钱，又吃不好，又睡不好，又冷清，又不方便，让我一直住，肯定会生毛病的。我诚心诚意邀请您住到我家，算是为我自己请个家庭老师。"蓝马愣了一下，随后哈哈大笑，道："这怎么好意思呢，哪可以叨扰你啊，再说了，我们认识时间还不长，我们之间只是平常的同事关系，我住到你家，会惹人说闲话的，这对你不好，很不好，我不去。"上官云珠道："家里又不是我一个人独住，跟我一起住的，有我阿爹，有我阿妈，有我宝贝女儿，还是保姆陈姑娘，有什么闲话好说的？还是大演员呢，一脑子男女授受不亲的封建思想，您就当我是房东大姊好啦，要记着，每个月的月底前，您都要准时将房租交到我手上，一天也不能耽搁的。"蓝马道："我说小上官，要是你是男的就好了，如果你是男的，我就答应了。"上官云珠道："蓝先生，您怎么比我们女人家还婆婆妈妈呀？您可以当我是您妹子、亲妹子的啊，难道亲哥哥就不能住在亲妹子的家里面？"蓝马道："你对我这个人一点也不了解啊，我这个人，正好与你相反，什么都不讲究，做什么事都丢三落四的，一条脏袜子要翻过来翻过去穿半个月，直到穿得满屋子臭气冲天才洗一回，你哪里能受得了？总之，总之，我是万不敢住去你家的。住去你家，你受不了了，没满三天就赶我出门，想想看，到那时，我会多没面子？"上官云珠道："袜子什么的我会帮你洗，保您出得门去天天清清爽爽，算是我对您的报恩。"蓝马道："别，别，快别说报恩什么的话，我这个人，对所有人都一样。……任你说破嘴皮我也不会答应你的。"上官云珠道："要不，我来把您说给我姐姐，让您做我的姐夫好不好？我姐姐叫韦月侣，是位文化记者，又会写诗，又会写小说，人，比我聪明十倍，也比我漂亮十倍，你们肯定合得来，您看怎么样？"两人说着这些话的时候，旁边三男五女数位记者、同事都一脸坏笑地撺掇蓝马，"蓝先生，您就搬去上官家吧，管她是男是女，您都当她是兄弟不行？""清者自清，浊者自浊，人家美女都不怕，您一个大男人怕什么呢？""上官对每一个人都热心热肺热肚肠，她是瞧不得您的邋遢样呢。"蓝马拗不过大家，当天夜晚，就在大家的簇拥推搡下，半推半就地卷了铺盖，住进了上官云珠家。

　　她帮他买了合身的西装皮鞋，她为他做了可口的饭菜点心，她将她家中最宽敞的房间腾给了他，她把房间收拾布置得温暖舒适，她将他从前随心所欲、乱七八糟的生活调整得有板有眼，她让女儿姚姚跟他学唱儿歌学说童话，她将姐姐请过来与他相亲，只姐姐依然死死地坚持着她的"独身主义万岁"，她常常去他的房间讨教种种问题。就这样，未几，两人感情升华，就过起了同居生活。

　　就这样，当年33岁的钻石王老五蓝马，就成了28岁的上官云珠的第三任丈夫。

　　才与张大炎分手，转身就跟了姚克；才与姚克分手，转身就随了蓝马。不知道内里底细的人们，对上官云珠与这三个男人之间的故事，展开了天马行空一般的天才想象。

　　平心而论，上官云珠与蓝马三年左右的同居生活，虽然没有媒妁之言、婚书之约，却算得上是一对真正意义上的银幕伉俪，夫唱妇随，言传身教。他们

电影《万家灯火》剧照

共同出演了5部电影，在这些影片中，两人几乎都是扮演夫妻。这5部电影分别是《乱世儿女》、《万家灯火》、《太太万岁》、《丽人行》、《希望在人间》，除《乱世儿女》外，差不多部部都是在中国电影史上叫得响的经典力作。我们现在去观看这几部两人演对手戏的电影，犹能看到两人在表演艺术上是何等的默契、何等的充满爱的味道。

蓝马的外貌并不如大家所想象的那么英俊，他又矮又胖，头颅木木，甚至可以说是其貌不扬。平素既懒散又木讷，许多时候连牙也懒得刷，连脚也懒得洗，中午饭经常忘记吃，早上起来脸犹没洗就出门，千呼万唤浑不理，晚上回家袜犹未脱就睡去，生拉硬扯弄不醒，感冒了汪了一个礼拜的鼻涕不肯喝半碗姜汤，半夜里来了灵感蹦起身来就连续伏案几个钟头，不准任何人打搅，所有用着的东西，用过便随手一扔，从来不去收拾整理。都说"情人眼里出西施"，对于这些，当时的上官云珠，都将之视之为突出的优点，"像儿童一样纯真呢"。

蓝马"北方话剧皇帝"的名头绝非浪得虚名，是名至实归的。只要一到舞台上，一说到戏，他的气质就给人以焕然一新之感，生龙活虎，神采飞扬，贴事贴景，合情合理，出神入化。蓝马的表演特点，是不刻板，不张狂，演戏，就如故事本身、情节本来，很少有刻意演戏的痕迹，非常生活化，非常随性化。

赵丹评论说，"他是一位不可多得的现实主义表演艺术家。"蓝马自己说，"在舞台上没有绝对的真实，但却需要绝对的真挚。"

蓝马为上官云珠的事业作出了决定性的推进，在他们相知相伴的三年中，上官云珠的演艺事业蒸蒸日上，演艺水平节节提升，让人们不禁再次感叹她的好运，嫉妒她的"手腕"。那时，无论在感情上还是在事业上，上官云珠都是那样的得意洋洋。这个从战乱中的江南水乡逃难而来的"野丫头"、"疯丫头"、"弱女子"，一路摔跤，一路攀爬，如今摇身一变，已真正变成一只高飞于上海滩上空的幸福天鹅了，成了出类拔萃、骄傲神气的佼佼者。

经过了《天堂春梦》的锻炼，上官云珠匮乏的拍摄经验得到了极大的丰富，她从跟她配戏的蓝马身上学到了很多的表演技巧。她与蓝马的结合，更平添了最多的言传身教的便利，也平添了许多让业内业外的人们咀嚼品味的传奇。上官云珠本身，也的确极具得天独厚的表演天赋，稍加点拨，就能茅塞顿开，举一反三，便是青出于蓝而胜于蓝。28岁的身材容颜，于别的女子，已是秋叶秋雨，落花流水，于上官云珠，却是不早不晚，恰恰正好，她既是一个新人，又是一个熟面，既是一个老故事，又是一段新新闻。因为在《天堂春梦》中的出色表演，她被广大观众所认可、所热爱，顺理成章地，就为一向有"慧眼识珠"、"敢作敢为"之誉的左翼电影公司"昆仑影片公司"相中，吸收为正式演员。从此，她的演艺事业便迎来了真正的巅峰时期。

上官云珠的那些影响深远、历久弥新的电影几乎都是在"昆仑"时期拍摄的。《一江春水向东流》、《万家灯火》、《丽人行》、《希望在人间》、《乌鸦与麻雀》……这些激动人心的片名像一把把锋利的匕首，对世风日下的旧上海、旧社会进行了猛烈的抨击，又像一缕缕和煦的春风，给备受时艰折磨的普通民众送来了美好希望。在这些电影诞生的1947年到1949年中，上官云珠的名字几乎达到了家喻户晓的程度，这短短的三年，她一共拍摄了9部影片，几乎占据了她一生电影作品的一半。作为一个1947年才脱颖而出的后起之秀，她的表现确实让人交口称赞。无论是资本家太太，还是歌女舞女交际花，或是城市贫民家庭妇女，她演什么都那么真实可信。交口称赞之余，人们当然也随心猜忖："这一切来的那么突然，那么容易，她靠了什么呢？是不是靠了出卖色相呢？"

1948年的时候，上官云珠还引领她的堂兄韦布踏上了电影之路，摄制了经典名片《三毛流浪记》。上官云珠与《三毛流浪记》的著作者张乐平是好朋友（在片中饰演三毛的王龙基后来在纪念张乐平的文章中写道："上官云珠在'文革'中含恨离世之后，她的一双儿女成了张乐平一家的亲人，张乐平夫妇待他们如同己出"），与剧作家阳翰笙是老朋友。在韦布投拍这部影片的过程中，上官云珠不仅参与了引介、推荐、谈判、协调等一系列的辅助工作，还利用她在电影圈的人脉，动员了赵丹、林默予、黄宗英、沈浮、孙道临、中叔皇、吴茵等50多位影坛腕儿在片中担当只留影不留名的"群众演员"，领着女儿姚姚、韦家亲属中所有在沪小孩子参与了友情演出，创造了中国电影史上唯一一个不计报酬的"众星捧月"奇迹，更亲自出面与上海警察局交涉了"拍摄过程中收到国民党特务寄来的子弹恫吓"事件。建国后，韦布一直在电影厂当专职制片人，先在上影，后去珠影，先后拍摄了《护士日记》、《十五贯》、《二度梅》、《山间

上官云珠在电影《三毛流浪记》中跑龙套

1948年底，上官云珠与女儿姚姚客串演出《三毛流浪记》"豪门大宴会"一场戏后留影

铃响马帮来》、《七十二家房客》等三十多部电影。韦布之子韦廉后来也子承父业吃了电影饭，他是八一电影制片厂故事片部一级导演，中国电影家协会理事，其在拍摄《太行山上》时，开创了战争片起用武术指导的先例。韦廉因导演《大决战》等片七次获华表优秀故事片奖，三次获金鸡最佳故事片奖，两次获百花最佳故事片奖。韦廉之妻周敏、之女韦玮亦是电影演员。周敏曾与张瑞芳、秦怡、奇梦石一起，出演了《凤凰之歌》、《武训传》、《妇女代表》、《两家春》、《水乡的春天》等多部电影，韦玮出演了《江阴要塞》、《赵树理》等十几部影视作品，还在中国教育电视台拍摄的英语教学片《快乐ABC》中担任了主持人。

上官云珠真正的好运，皆由结识蓝马以后才开始的。姚克曾经带给她、教给她很多，可相比下来，蓝马带给她的、教给她的，更多，更多，更多。上官云珠出演《万家灯火》，也是蓝马力荐的结果，当时，蓝马向导演沈浮推荐上官云珠时，沈浮大笑，道："她呀，如饰演姨太太之类的妖艳角色，的确是不二人选，可我这剧中，要的是演贤妻良母的，不行，不行，万万不行。"蓝马二话不说，拉起沈浮就去了上官云珠的家中："我带你去她家看看真实的她吧。"果然，沈浮看到了一个"买、烧、汰"样样在行的上官云珠。随即，马上就定下了由她主演此片。影片上映后，好评如潮，被评为"中国90年来十大名片之一"。

可是，此一时，彼一时也，时间在变化，人更在变化。

这个时候的上官云珠可谓是春风得意，左右逢源。她演的电影，无论是在国统区，还是在解放区，都叫好又叫座，电影公司赚得盆满钵满，她个人当然也是名利双收。

上官云珠是聪明的，或者可以说是世故圆滑的，在政治情势难分高下的时候，她谨记第二任丈夫姚克传授给她的处世经验，看在眼里，记在心里，封在舌底，既不偏左也不偏右，与各方都保持微笑倾听、若即若离。然而，这却直接影响到了她与蓝马的关系。蓝马是一个生活朴素、思想激进的人，他无法容忍自己太太明哲保身的行事风格，也抗拒太太为他营构的布尔乔亚式的生活情调。终于红了，终于日进斗金了，既已是大牌明星，上官云珠自然要过大牌明星的生活。当上官云珠衣着光鲜、风光八面地频频出入于社交界的时候，蓝马便坐不住了，先是苦口婆心地好言劝止，继是冷嘲热讽恶语相向，最后是拳脚相加。

两人分开时，许多他们共同的朋友都说：他们俩在生活上原本就没有一丁点共同的地方，一个出奇的勤快，一个出奇的懒惰；一个出奇地讲究精致，一个出奇地随遇而安；一个出奇的热情洋溢，一个出奇的沉静木讷，这段姻缘从来就没有被人真心祝福过，在背底下人人都赌他们"迟早会分手"，人们说："两人能在一起过这么长一段时间，已是奇迹中的奇迹了，真难为了上官云珠。"

再坠爱河

就在上官云珠对现在的感情、当前的家庭生活开始进行不自觉的反思，并由心底里生出些许不满意、不称心的情绪的时候，风度翩翩，温文尔雅，交游广阔，出手阔绰，家境富足的兰心大戏院的新任经理程述尧悄然而至。命运的安排就是如此，两个天南地北毫不搭界的人儿，在不经意中相遇，忽然就相互吸引，一见钟情，什么都不管，什么都不顾，心心念念要结合到一起，就如一块铁石碰到了一块磁石，非要合二为一。许多时候，爱情就是如此简单、如此神奇。于是，上官云珠与蓝马之间的那种在外界看来是神仙眷侣一般的夫妻关系，就即将要结束了。

程述尧出生于北京的一个殷实之家，毕业于燕京大学，与黄宗江、孙道临是同学，是学校文艺舞台上的活跃分子。毕业后，他在中国银行做行长的英文秘书，有一份很不错的薪水。因为他的英文水平相当好，他时常为京、津、冀的军政当局借去，担当与美、英方面相关高层人士联络与会谈的翻译。他用自己的工资、家族公司分得的红利资助那些朋友的戏剧活动。他组建了南北剧社，自己担任社长，丁力、黄宗江、卫禹平、孙道临、于是之、黄宗英等等一大批著名演员都曾经是南北剧社的成员。多年以来，他在北京、天津一带的戏剧界中，赢得了极高的声誉，获得了"水泊梁山宋公明"一般的崇高地位。这种声誉，随演员赴各地演出，也辐射到了上海、重庆、南京、广州，甚至沈阳。一向以来，程述尧的表面身份是社会名流，但在暗地里，他却是一位中共方面的地下人士，曾为抗日之事坐过好几个月的日本人的监狱。1949年1月北京和平解放，程述尧串联组织了许多知名艺员参加了庆祝活动，颇受中共看重。随后，人民解放军攻下了上海，程述尧就被挑选为南下干部，安排担任了上海"兰心大戏院"的经理职务。程述尧的大名在话剧圈、电影圈如雷贯耳，上官云珠当然早就听闻过，尤其多次听黄宗江、黄宗英说起过。程述尧在上官云珠的印象中，是"一个真正的绅士，一位真正的贵族。"在上官云珠的内心深处，一直有着非常强烈的绅士、贵族情结。她的第一任丈夫张大炎是个绅士，只这一位绅士心眼太小，是个封建绅士。她的第二任丈夫姚克是个绅士，也是个贵族，只姚克这个人太花心，没有起码的家庭责任感，身上流淌着花花公子的血液。

听到程述尧走马上任兰心大戏院经理的消息，上官云珠便跑去黄宗英处，托请黄宗英组织一次欢迎宴会。客观地说，她本别无他图，只是为着她一贯的思想："在家靠父母，出门靠朋友，多一个朋友就多一条路。"事实上，多年来，她已经从一个个朋友的身上收获了无数的果实。黄宗英一个电话打给黄宗江、一个电话打给赵丹，恰好这几个人都有办这样一个欢迎宴会的想法，电话打过去是一拍即合，于是，各人再联络各人的朋友，很快就约齐了一大桌"有身份"的相关人士。宴会便在两天后假座百乐门宴会厅举行。因为宴会的第一发起人是上官云珠，钱由上官云珠出，所以，上官云珠便成了宴会上当然的主人。

电影《丽人行》海报

上官云珠之所以在大上海颇有人缘，为人热情、出手大方是一个很主要的原因。自从兜中有了较多的余钱以后，上官经常要组织各种名目的宴会，她说：人生在世，就是为了图个热闹快乐。很自然地，上官云珠邀请了蓝马联袂出席。可蓝马断然拒绝了她。蓝马道："我与他是两个世界的人，我们走不到一张桌上。"上官云珠很是好奇，追问原因，蓝马不肯正面回答，只道："我是乡下大老粗，他是京城阔大少，你说我们能走到一处么？"上官云珠道："你是乡下大老粗，那我是什么？我们又如何走到了一处？"蓝马无言以对，只坚持不肯与夫人同行。上官云珠知道，蓝马与程述尧很早很早以前就已认识了，她弄不明白，他们在过去是否有过什么重大的过节，居然蓝马死不肯同行。

主人当然是与主宾比邻就座，彼此抱拳说罢"久仰"，这宴席就如别的高档宴席一般顺序举行。程述尧的穿着一丝不苟，不应当有折痕的地方绝没有一丝折痕，风风光光，清清爽爽，是上官云珠喜欢的"款型"，程述尧喷洒了适量的古龙香水，是熏衣草的味道，丝丝缕缕，若即若离，是上官云珠喜欢的香型，程述尧的言谈举止彬彬有礼，温善和气，是一副经典的京城贵族的品质风度。上官云珠那一身立领旗袍吸引了程述尧的眼球，他问："缂丝的？"上官云珠一脸疑惑，"缂丝？什么是缂丝？"程述尧道："缂丝就是极品丝绸，缂丝在旧时，专门用于制作龙袍与凤袍，是皇家的专用丝绸。"上官云珠脱口道："怪怪那么贵，原来……"黄宗英、周璇听了，禁不得就过来抚摸、询问："有多贵呢？"上官云珠知道说漏了嘴，只以"也不是很贵"搪塞。

黄宗英、周璇不依不饶，还想追问，但听程述尧接口道："这缂丝任怎样贵也是应该的，古有'一寸缂丝一寸金'之说。为什么呢？因为这缂丝的织造，选料非常考究，工艺十分复杂，要选上好的白蚕丝将6根并成一股，前后要用16道工序，一个织娘一年不停不歇，只能织成一件。缂丝又称刻丝，想想看，在蚕丝上雕刻，该有多么的难。"大家听了都咋舌称奇。程述尧续道："这缂丝衣服的好处是，反复洗涤不会褪色，反复搓揉不会起皱，永远光鲜，永远柔和，永远华丽。"又道："因为缂丝的这些优点，宋朝后期，皇家也用它来装裱巨匠墨宝，后来更发明了缂画，王羲之、王献之的《二王书录》，就是用缂丝装裱的，我曾经见过沈子蕃的缂织画《梅鹊》和《清碧山水》，真正当得起'工丽巧绝、万古不朽'之评语……"程述尧的知识风采，堪与姚克媲美。宴毕的余兴节目当然是捉对滑舞，程述尧的舞技果然是出神入化。两人一面款款旋飞，一面娓娓而谈，无论家长里短、戏剧电影，还是珠宝首饰、人生意义，竟是齐见我意、全合彼心。两个人是愈聊愈欢、相见恨晚。莫名地，上官云珠就对程述尧产生了浓厚的兴趣，散后，她便去找黄宗英聊天，她知道程述尧曾是黄宗英的前夫，没想到，黄宗英对她这位年前才离异的前夫，竟是没半句龃语，自始至终是好的评价。上官云珠很是不解，问："那为什么还要分手？"黄宗英道："是我的心告诉我，赵丹更合适。"

回到家，躺在床上，在蓝马"呼风唤雨"一般的鼾声里，上官云珠就一直在想黄宗英的那句"是我的心告诉我，赵丹更合适"。她看看身边的蓝马，肥头大脸，胡子拉碴，半张着嘴，口水涎到了枕上，三根粗黑的鼻毛在鼻孔外乘凉，喉头不由自主便产生了作呕的悸动。这个蓝马，除了会演戏以外，可还有什么优点？从没有一句贴心的话，从没有半点浪漫的情趣，从不肯做任何一件家务事，懒且馋，木讷而倔强，就连姚姚也不喜欢他。蓝马显然于我是不合适的。黄宗英有更合适的，我的更合适的在哪里呢？回忆起张大炎，回忆起姚克，这两人都有很多的优点，都曾经是我最最崇拜、最最深爱的男人，可是，他们都太有性格、太有主张，终究于我不合适。这个蓝马也是。对于像我这样的女人，我只要他能时时给我柔软的安慰就好。

此次宴会之后，上官云珠与程述尧之间的关系很快就热络了起来，程述尧不久就成了上官云珠家的常客。说不定程述尧与蓝马在冥冥中真的是一对宿世的冤家，此生天生是对敌人，每每程述尧来家，蓝马总是托词提前开溜。程述尧很会哄小孩，每次都会带些好吃食、好玩意儿过来，他将姚姚抱于膝上，教她唐诗、宋词与儿歌，手把手教她弹钢琴、拉胡琴，还与她一起玩绷花线、捉跌子、拍皮球、踢毽子、躲猫猫、折纸鹤，因为这样，程述尧便成为了经常为姚姚想念的人，三天没看见程述尧，姚姚就会问上官云珠和蓝马："那位程伯伯怎么还不来？"程述尧很爱干净，十指的指甲从来没有些微污垢，最令上官云珠心仪的，是他非常懂得体贴女人，看你热，他会帮你脱下外套，小心翼翼挂到衣帽架上，取出纺绸折扇为你扇凉；看你冷，他会走向衣柜，取出最合适的衣服为你披上肩膀；看你在厨房忙，他会过来帮忙择菜、掌勺；看你擦肥皂洗衣服，他会叫你让开，由他来洗。"女人的手可要好好保养，别沾了烟火味。"他熨烫衣服的技艺高超，他还喜欢擦皮鞋。有一天晚上，程述尧去的时候，上官云珠还没有回来，他就一边与姚姚玩，一边等。那天，上官很晚才到家，她喝醉了，回到家就吐，程述尧就依傍着她，端茶奉水为她拭擦，有时是跪在她的脚下服侍，上官云珠问他："为何非要等我回来？"他笑答："早就想走了，是你家宝贝缠住了不让我告辞。"借着酒意，上官云珠又问："你们男人是不是都讨厌女人在外面应酬？"程述尧道："那要看职业的，如果没有应酬，会少很多朋友。"上官云珠笑道："这么说来，所谓朋友，大多都是酒肉朋友了？"程述尧道："酒肉朋友并非完全是贬义的。"程述尧的这些，恰与蓝马形成了鲜明的对照。

第四次婚姻

结识程述尧后的上官云珠与蓝马的关系有了相当大的变化,她不再为他送毛巾洗脸、蹲下身洗脚,也不再每天为他熨烫西装和拭擦皮鞋。她认为,她不该继续将他当作佛爷一样供奉,这样会害了他一辈子。蓝马尽管是个粗枝大叶的人,可他还是马上觉察到了这种变化,他非常愤怒。蓝马是个典型的北方男人,在蓝马的观念里,男人本就要靠女人服侍的,否则,男人就不是爷们了。可是蓝马敢怒不敢言,他非常清楚,今日的上官云珠,已不再是昔日的上官云珠,特别是在拍摄了《一江春水向东流》后,她的星光已完完全全地淹没了他的星光,他也知道,她已过了而立之年了,她害怕那种心惊胆战的日子。到后来,他终于意识到上官云珠已与程述尧堕入了情网,便作出了主动下岗的决定。某一天,他给她写了一封信,压在她的枕头底下,然后,打点行装,坐火车悄悄离开上海,去到了北京,到了北京,他报名参了军,以后历任中国人民解放军总政治部文工团副团长兼话剧团团长、艺术指导,中国文联第一届委员,中国影协、中国剧协第一届理事,并当选为第二、第三届全国政协委员。在这封信中他写道:你应当为自己寻觅一个让人安心的归宿,应当给姚姚一个日后可以依傍的家庭,程述尧先生家大业大财力雄厚,并且毫无一般男人这样那样的不良习惯与不良嗜好,应当是你的最佳人选,我从内心里祝福你们。

1950年3月,程述尧与上官云珠在上海"兰心大戏院"举行婚礼,成了上官云珠的第四任丈夫。

程述尧的一口浓浓的京腔京韵让这座房子在后来的两年中充满了绵甜的味道，似红酒一般。那一年，姚姚六岁了，已经能够像大人那样明明白白地表达自己的喜怒哀乐。她对这个新爸爸喜欢得不得了，因为两人脾气的高度契合，让外人看了还真以为他们是亲生父女俩。也许是因为跟妈妈脾气的对比，姚姚从新爸爸这里获得了一直梦寐以求的温善和慈爱。而程述尧对姚姚的疼爱也

电影《一江春水向东流》剧照

是发自肺腑的，即便是后来他跟上官云珠有了自己的儿子，他仍旧一如既往地疼爱着姚姚。以致姚姚后来干脆把自己的姓名改成程姚姚。如果没有1975年她被一辆重型卡车残忍地碾过，她可能会一直叫着这个名字。程述尧果然是块做好丈夫的好材料，婚后，他对上官云珠极尽疼爱和关怀，对姚姚极尽疼爱和关怀，甚至对被上官云珠首任丈夫张大炎带回原籍江阴长泾的前夫之子张其坚（恬恬）也极尽关怀，有心有意地托人多次将其领来上海与生身母亲团聚。这让上官云珠的这一段生命过程充满了甜蜜温暖美满幸福。

婚后不久，上官云珠便怀上了孩子，一年后，产下一名男孩，乳名灯灯。取乳名为"灯灯"，意思是，从此以后，程述尧和上官云珠的人生，就又有了明亮的灯火照耀。这个灯灯，一出世就胖乎乎的、甜滋滋的，方脸大耳，天庭饱满，十分福相。"文革"结束、上官云珠平反后，为纪念母亲，灯灯将姓名改做了"韦然"。

小灯灯（韦然幼年）一出世就胖乎乎的、笑眯眯的，方脸大耳，天庭饱满，十分福相

灯灯出生不久，上官云珠的父亲韦亚樵、母亲金桂凤先后病故，程述尧协助韦宇平、韦月侣他们参与了丧仪的全程事务，为此累得"像个从寒风中的田间走出来的老农似的"。

总以为"解放区的天是明朗的天"，总以为下半生的日子会过得安稳舒心顺畅，可惜好花不常开，好景不常在，在1952年的"三反"运动中，程述尧被人检举有贪污嫌疑。1949年6月初，上海刚解放，根据上级指令，程述尧以民间发起的名义组织影剧界在复兴公园举行了数场"劳军救灾"的义演活动，他"置现成的财务人员不用，亲自经手义演收入的收取与缴存"，有人怀疑其从中做了手脚，"浑水摸鱼，呷了不少蜜糖"，于是要求其拿出明细账本来。时隔两年多，程述尧却如何来补记账本、又哪里讲得明白？于是，内查外调，七审八审，未几，程述尧便承认了贪污事项，于是，马上就被戴上了再也难以在社会上抬起头来的"贪污分子"的帽子。

程述尧被戴上"贪污分子"的帽子，上官云珠便成了贪污分子的家属，这一变故，令上官云珠措手不及。她压根也没有想到，在早上她去探望他的时候问他，他还赌咒发誓、斩钉截铁说自己是清清白白的，还说"如果真的贪了钱，总会一麻袋一麻袋的背家来，你会看不到？"可是到了当夜十二点，他就有盐有醋、有鼻子有眼睛地招供了所有的罪行。事后得知，这位生性懦弱的程述尧，为了能够息事宁人，在被审问的过程中，竟取出了身上的怀表与戒指贿赂办案人员，办案人员见之，喜出望外，终于抓住了他的"做贼心虚"。以"做贼心虚"、"公然贿赂革命干部"为突破口，办案人员轮番进攻，步步为营，他终于熬不过来，便只好胡乱招认。办案人员追问他赃款的下落，他撒谎说被用作了长三堂子里的嫖资。于是，在"贪污分子"、"行贿分子"之外，他又多了顶"资产阶级腐朽分子"的帽子。

吞了进去就必须全数吐出来，贪污了的款子必须彻底退赔，可程述尧手头没有私房钱。也是救夫心切，为了减轻丈夫的罪责，上官云珠便积极主动地四处八路去筹款（她过去的积蓄，已在抗美援朝中全部捐出，她独自捐了半部苏制坦克），筹了八百美金。她将这些美金，外加三只黄金戒指、一对玉石手镯连夜缴了上去，退赔了全部的款项。然而，她的这一个举动，却反而进一步坐实了程述尧的罪行，并且还给她自己带来了严重的麻烦。几乎在第一时间，一条传言就沸沸扬扬不胫而走："程述尧之所以会成为贪污分子，全是上官云珠枕边唆使所致，上官云珠就是一条讲究奢华享受的欲壑难填的美女蛇。"听到这个传言，上官云珠哭湿了枕巾，却无可辩白。因为这条传言，领导上搭正架子，严肃认真地找她谈了三次话，她打落门牙肚里咽，心里委屈得不行，"讲究享受是

1962年文化部公布的中国22大明星
（第三排，左首起第二位即上官云珠）

不假，可那花的，都是自己辛苦演戏挣的啊。""打死我，我还是这句话，那时候程述尧从来就没有送过我一块现钱，也从没有送过我任何贵重的礼品。"她反复辩解，却辩解不清。

当年的"贪污分子"，几近于当年的"反革命分子"，比"强奸分子"更恶名昭著，相当于人人喊打的"过街老鼠"。上官云珠哪能承受如此之大的委屈、如此之重的压力？她不知道究竟要怎样做，才能摆脱目前的困局，也不知道以后的路要怎样走。

有一些朋友立时就疏远了她，她理解，人家要保护好自己，人家也是没有办法，她也不愿意拖累别人。关键时候还是要有真朋友，一个，两个，三个，四个，许许多多个好友络绎不绝过来看望她，大家都已深思熟虑过了，都为她开了一张"英雄所见略同"的药方——离婚。上官云珠思前想后，自己正在经历一场由一个旧社会的明星而一个新社会的人民艺术工作者的转变，政治上必须上进，工作上必须积极，生活上必须简朴，怎么可以因为程述尧的牵累而毁灭了自己终生的艺术追求啊，最后她不得不痛下决心，和"贪污分子"、"行贿分子"、"资产阶级腐朽分子"程述尧分道扬镳，划清界线。法院将1岁多的灯灯判给了程述尧抚养。

这个女人的一生中出现了两次抛夫弃子，第一次是为了自己的未来，这一次是为了自己的现在，她的心肠是何等的硬。然而，如果站在那年那月的时点上观照她的抉择与作为，又是何等的无可厚非。

一年多后，程述尧收获了新的爱情。这位继黄宗英、上官云珠之后的第三任太太也是一位赫赫有名的人物，姓吴名嫣，从前是上海社交界的名女人，人称"玲华阿九"，解放后，是上海文化部门的一名干部。程述尧再婚后，灯灯被送到北京，为爷爷奶奶抚养。1955年，吴嫣为潘汉年事件牵连，被关进提篮桥监狱。而后的程述尧一路落魄，成了一个捏着手电筒轮流在沪上几家电影院当领座员的驼背老头儿。灯灯10岁那年回到了上海，几天宿上官云珠处，几天宿程述尧处。

最后一次爱

程述尧之后，上官云珠还曾经历了人生历程中的最后一次爱情，这第五段爱情故事的主人公姓贺名路。

贺路是那种天生低调、天生不显山不露水的人，他的生命事迹一直十分模糊，写作此书时，作者很想寻觅一张关于他的形象照片，但却无处可寻。

算起来，贺路应当算是上官云珠相识已久的老同事了，两人在抗战时期就曾同台出演过两三部话剧，那时候，两人之间的关系不冷也不热，是一种纯粹的一般性的同事关系。他们大约共事一年半后，贺路玩起了"失踪"。当年的"失踪"有三种解释，一种是被秘密逮捕、秘密枪杀；一种是秘密走上了抗日前线；一种是混不下去了秘密回了老家种田。在上官云珠的印象里，贺路是个十分腼腆的小伙子。

贺路那时的失踪，是秘密走上了抗日前线，他与几个志同道合的青年朋友一道，赶赴皖南参加了新四军，以后南征北战，去过好多地方。上海解放，他随军南下，转业到了上海，组织安排他在上影厂当一名副导演。

也是巧，贺路到达上海的第三天，就在大街之上巧遇了上官云珠和程述尧。"这不是贺路吗？""你是上官？"贺路还如当年一样腼腆，不敢正视任何漂亮女性的脸，遇上从前的老同事，他反而低下了原本挺直的头。上官云珠才伸手握着了他的手，贺路的脸就如乡下小姑娘一般飘起了一片红云。上官云珠想，

上官云珠铜像

真不知道那时候他是怎样鼓足勇气才登上舞台的！故人重逢，上官云珠分外高兴、分外热情，当下就邀请贺路去她家中做客。闲聊中，听贺路说马上要来上影厂工作，两人又要再一次做同事，目前暂时住上影厂招待所，至今还单身着。上官云珠就与程述尧商量，让贺路住进他们家。几经动员，贺路半推半就答应了下来。

世上的姻缘，谁能说明白？上官云珠与程述尧离婚之时，贺路正是他们家的房客。

贺路性格非常内向，几年的军旅生涯并没有改变他的性格，依旧是"三扁担打不出一个闷屁来"，他永远是个敢想不敢做、肯做不肯说的人。这一回，上官云珠遭遇了第四次的婚姻失败，脾气变得十分恶劣，成天闷闷不乐，动不动就摔碗扔盆、打骂女儿姚姚，有时甚至失态到用冰冷的井水反复浇淋自己的身体，连地板也懒得拖、衣服也懒得洗、饭也懒得烧。令谁也没有想到的是，这时候，贺路竟然非常勇敢地挺身站了出来，拼命地守护和保护姚姚，细心地看管和照料灯灯，无悔地出来收拾各样残局，勤快地料理各种琐碎的家务。他对上官云珠说："你的苦，我全知道，请你不要再这样下去，你想发火，就对我发，想摔东西，就来踢我打我。"上官云珠道："我怎好与一个不相干的人乱使性子？"贺路鼓足勇气，一字一顿地道："怎不相干？你知不知道，一直以来，我都默默地爱恋着你，自第一次看到了你，我就爱上了你。当年投奔新四军，其中的一个缘由，就是不能爱你却偏偏走火入魔地爱上了你，就是因为无法忍受那种爱的煎熬。这一次，我本已留在了济南，只因为你，我向组织打了九次报告，通过了好几位首长的帮忙才调来了上海。……你知道的，我这个人，从来也不肯开口求人的。"听了这一席话，上官云珠颇是吃惊，她细想两人过往的种种，回想从前在剧团做那些勤杂活的时候，这贺路总悄悄地在几尺以外的地方忙这忙那，她不歇手，他也决不歇手，她不禁感动地抱住了贺路，"为什么，为什么你不早说？""我不敢，我什么也不是，我不配，我知道我是癞蛤蟆想吃天鹅肉……"上官云珠伸出一个手指，按到贺路的唇间，道："你不是癞蛤蟆，你什么都别说，今天，我接受你的这份爱，无怨无悔地接受。"她觉得，这份爱，好朴素，好真挚，也好珍贵。

上官云珠至死都感激着贺路的这一段情感相伴，这一个苦苦痴恋了自己很久很久的男人，特别的实在，特别的能忍耐，为了她，他甚至愿意无怨无悔地做她的秘密丈夫。韦然后来回忆说："很多年，母亲与贺路都是各花各的钱，平时是贺路向母亲交'房费''饭费'，从某种意义上说，他一直是以'食客'的身份待在这个家里，他与母亲周围的朋友也格格不入。在我的记忆中，他们好像从未同时出现在同一个公开场合，我也没有和他们两人在一起吃饭、逛街的任何记忆。"韦然不知道，其实，他的母亲曾经严肃诚恳地向组织申请，希望上影厂人事科正式批准她与贺路结婚。可惜，组织上没有同意。韦然更不知道，贺路之所以如此地小心翼翼——在任何公开的场合不肯流露与她母亲的一丝一毫的亲密关系，一切的一切，全在为了保护他的母亲。是啊，是啊，在这个女人的三十余年的生命里，已嫁了四回了，她还想嫁多少回呢？所有人都知道，在旧中国，一个女人每多嫁人一次，就多一身永世都洗不掉的污渍。

上官云珠与贺路结婚，组织上当然不同意。她过去的那些复杂而丰富的私人生活，早已为她打上了"品行不端，作风腐化"的烙印，只不过她自己"当局者迷"浑然不觉罢了。上影厂为了改造她这一类的人，想了许多办法。办法之一，就是打压她，让她俯首称臣——在当年的演员级别评定中，组织有意将她评成了四级，与跑龙套的一般演职人员是同一个档次。

一些领导不仅打压着她，还处处地怀疑着她。她的第一任丈夫张大炎是个大地主，她的第二任丈夫姚克是个反动文人，她的第四任丈夫程述尧是个贪污犯和行贿犯，她本人的资产阶级享乐思想难道会在一夜之间铲除么？！她改变的不过是外在而已！

领导告诉她："暂时让你停演电影五年，希望你好好改造，快快进步，尽早成为一名合格的社会主义新人。"

上官云珠陷入了空前的困局之中。

她此时是33岁，五年后就是38岁了。女人风韵最灿烂、最饱满的岁月便是35岁前。35岁过后，便繁花凋落，永远灰暗了。

上官云珠告诉自己，低调做人，低调做人，强颜欢笑，强颜欢笑，永远保持跃跃欲试的姿态，等待机会重来，等待东山再起。

这种低调做人，强颜欢笑，它的背面是孤寂、扭曲、纠结与残酷。而这种孤寂、扭曲、纠结与残酷，上官云珠自己必须承受，随她生活的女儿姚姚必须承受，愿意替她入地狱的贺路必须承受。

姚姚19岁了，正在青春叛逆期的高峰点上。她不明白母亲为什么要赶走那位那么慈祥知书达理的程爸爸而要迎来这位这么冷漠毫无趣味的贺叔叔，她看不惯更理解不了母亲为什么还要找个男人非法同居。一段时间中，她将母亲视做了坏人、视做了敌人。

好多好多的人都说母亲是个轻浮淫荡的女人，与这个、那个男人有这种那种羞于启齿的关系，这令她在人前抬不起头来。她最害怕有人向她打听母亲的事情，可是，她越是害怕，人们却越是要来问她，尤其是母亲自杀前的这半年里，差

《群魔》电影海报

不多天天都有人来问，有时，一天中有好几帮子的人来问。人们在问她母亲前，总乜斜着眼睛问她："你就是姚姚？姚克与上官云珠的女儿？""姚姚，你合总有多少个爸爸？"她明白，"上官云珠"四字就是"恶心""下流""耻辱"的代名词。

母亲总是对她很凶很凶，吃饭掉一颗饭粒不拣起来吃掉，就要挨她一顿训斥；成绩单上的分数稍有下降、评语稍有不好，屁股就要挨她一阵抽打；练琴弹错音符音阶，非要练到完全准确为止，否则就不许吃饭不准睡觉；不小心打碎了一只饭碗，就要被她斥骂老半天。

姚姚认为，她的母亲从来就没有给过她一点最起码的母爱。

这个出生于全城灯火管制中的战时小女孩，享受到的父爱也是少得可怜。亲生父亲在她两岁的时候就离开了家，以后差不多中断了一切联系。虽然后来有了一个极是疼爱她的程爸爸，可这一个程爸爸，两年以后又永远搬离了家，连可以陪她一起玩的弟弟灯灯也一起被带走了。那个蓝马与她一直形同陌路，懒得要命，邋里邋遢，整个儿是个粗俗不堪的乡巴佬，还比不上左邻大叔、右邻老伯。这个贺路，面孔很冷，整天不放一个闷屁，是个哑巴，像个木头人，她从没有看见他露过一次好看的笑脸。

姚姚的长相不太好看，一点也没有母亲的影子，也没有父亲的优质遗传，她的眼帘经常低垂着，仿佛故意要让别人看不见她的眼珠似的。她最恨别人拿她的相貌来和母亲作比较，她希望母亲长得像个丑八怪。

在长相上，姚姚其实很希望跟母亲长得一模一样，甚至希望"青出于蓝而胜于蓝"，最好要长得比母亲更高佻、更窈窕、更有风姿、更有气质。而在生活态度上，尤其是感情生活方面，她则希望能收获纯正的爱情，与相爱的人白头到老，厮守永远，过那平淡、充实、幸福的一生。上了一年多上海音乐学院附中升入了初二之后，姚姚不由自主地喜欢上了班上的一位帅气男生，有一天，她鼓足勇气给他写了一封信，信中先谈了一大段的文学，从歌德的《少年维特的烦恼》，到小仲马的《茶花女》，再到托尔斯泰的《安娜·卡列尼娜》，然后道出了主旨："请你今晚陪我一起去看电影,是苏联电影《红帆》。《红帆》是部浪漫的爱情影片,听说十分抒情。王子的红帆船从蔚蓝色的大海那边驶来,来接他孩提时代在那个渔村里邂逅的美丽姑娘。"令姚姚没有想到的是,这封私密的表达情窦初开少女朦胧情怀的私信,却被那位帅气男同学交给了班长。此刻的班长正站在少年与青年的边际线上,对姚姚的这个举动,是既觉好奇,又觉好玩,于是,当堂朗读了出来,弄得人尽皆知。全校所有的同学,也与姚姚班里的班长一样,既觉好奇,又觉好玩,于是,每到下课铃响,便有邻班的同学蜂拥过来瞧究竟,一面瞧,一面议论纷纷。最多的议论是:有其母,必有其女。言下之意是,她的母亲是一个轻浮随便的人,姚姚也是。姚姚当年的同学仲婉(电影演员仲星火之女)回忆说:"但是,那时候同学们也议论说,姚姚是一个比较轻的女孩子,她对男同学的举动常常很随便,高兴起来,会从背后抱别人一下啦,她就是这样的做派。那时候没有哪个女生敢这样的,所以别人会议论,她妈妈在生活上就是比较随便的,她也是。"仲婉不肯将"轻浮"一词的"浮"字说出口。这一件事很快就传到了上官云珠的耳中,上官云珠气得暴跳如雷,免不得对她一阵大训,姚姚还嘴:"妈!你凶什么?这还不是因为你自己的血在我血管里流淌的缘故!你忘记了吗?你在我这岁数上,早未婚先孕,生下了哥哥恬恬了!"上官云珠气不打一处来,被女儿这话噎得张口结舌,良久,方说:"是妈当年少不更事,犯了大错。"女儿抓着把柄,得理不饶人,道:"少不更事?却又为何二错三错四五错?!"这一次,"蚌壳精"没有哭,她昂头看了一夜的窗外黑暗。

姚姚最讨厌钢琴了,从小就讨厌,一直讨厌,母亲也知道她最讨厌钢琴,然而,小学毕业后,母亲却非要逼令她报考上海音乐学院附中的钢琴专业。姚姚进入高二年级后,出现了学业跟不上的情况,她跟母亲说:"这钢琴我学不下去了,我手指短,手腕力气不够,而且根本没有乐感,不是吃钢琴饭的材料,现在,我弹一个小时就手酸得抬不起手腕,看见钢琴横在那儿就头疼,没法学下去了。我对戏剧有兴趣,我想与老师商量,换条路走走。"上官云珠大怒:

被中国电影史所遗漏的片子,这部片子几乎没人知道

"从高二开始转专业?!你异想天开,简直就是开玩笑!甜由苦中来,精由勤中来,这道理你懂不懂啊!妈妈今天的成就就是这么来的。"

多少年来,姚姚一直生活在孤独里,生活在母亲的凶恶里。她的同学、老师、奶妈提起她,总说:"这孩子,一点都不合群,是个'蚌壳精',碰不得的,一碰就眼泪汪汪,要哭的啊。"姚姚与漫画家张乐平的儿子张小小是童年的玩伴,他道:"姚姚妈妈对姚姚管头管脚,姚姚见她妈妈就像老鼠见了猫咪。有一次我们一起玩时姚姚摔了一跤,她马上央告奶妈不要告诉她妈妈。她怕死了她妈妈。"

在姚姚的一生中,她感觉,这世上只有一个人对她是真的好,这个人就是程述尧。那些日子,程述尧下班一回到家,连包也来不及放下,就"宝贝、宝贝"地亲热唤她,张开双臂将她抱起来,一面颠,一面亲。每每妈妈骂她、训她、罚她、打她,程爸爸总是护着她,与她站在一边。她与后爹程述尧没一丝隔阂,她管他叫"爸爸"时,全然没有丝毫疙瘩,自然极了。上小学报名的时候,她坚定不移地坚持"我就是叫程姚姚。"程爸爸与妈妈离婚后,姚姚的小脚,还总忍不住要往程爸爸住的那地方跑。

沉浮与起伏

坐了两年多的冷板凳之后，还真让上官云珠等来了振翅一飞的机会。

正值全国第一届优秀电影评比，她所出演的影片《乌鸦与麻雀》，初评评得了银质奖。初评结果报到中南海，政务院总理周恩来大为困惑，道："金质奖为何不是《乌鸦与麻雀》？"文化部电影局的人解释，主要原因是有人反映此片的主要演员上官云珠作风不好，口碑极差。周恩来就向上海电影局的几个来人询问上官云珠的从艺经历、政治态度、工作表现，结果得到的是相互矛盾、莫衷一是的回答。从他们的回答里，周恩来又一次听到了姚克的名字，就自言自语地道："这个姚克，于抗日、于我党曾经是立过很多大功的，干吗要离开大陆去香港呢？可惜了，太可惜了。"又道："我看上官云珠这个人在政治倾向、思想觉悟、现实表现上不见得真会有什么大问题，要有什么大问题，怎会在《天堂春梦》、《一江春水向东流》、《希望在人间》等片中有那么好的表演？"接着又道："这几部初评入围的影片，主席和其他中央领导同志都分别观看了好几遍，比较一致的看法是，无论是在思想性上，还是在艺术性上，《乌鸦与麻雀》都无可挑剔。退一万步说，即使个别演员的个人素质真有问题，也并不能代表整部影片有瑕疵。"末了，他指示："为了慎重起见，请上海公安部门对上官云珠做一下政治鉴定，只要她在八年抗战中没有什么汉奸行为、三年解放战争期间没有出卖过革命同志，《乌鸦与麻雀》就应当评为金质奖。"

上官云珠与儿子灯灯、女儿姚姚

上海市公安局所做的政治鉴定报告很快就上报到了中央。结论是：一、未发现有明显的政治污点；二、其兄韦宇平、姐韦月侣皆是我党地下工作者；三、其表姐严永洁系新四军老战士，是谭启龙将军的夫人；四、上官云珠曾协助兄姐为我党做过很多有益的工作。最突出的事例是，在策动国民党上海民航局空中交通管制站站长邢国铮、管制员刘书荣、华兴杭、飞行副驾驶员李筠、机械员陈铁生驾机起义的过程中，她起到了十分关键的重要作用。

如是，《乌鸦与麻雀》便由初评的银质奖变成了终评的金质奖。

评奖结果一俟确定，北京很快就下来了通知，着《乌鸦与麻雀》的主创人员进京领奖。然而，在上海电影局讨论出席进京领奖会的人员名单时，许多人却都投了上官云珠的反对票，上官云珠落选了。电影局的头儿总也没有想到，名单报到公安局政审，公安局愣是添上了上官云珠的名字。原来，时任上海市公安局局长的潘汉年、副局长杨帆，当年正是上官云珠兄姐的直接领导，他们非常了解上官云珠这个人。两人将情况向陈毅市长作了汇报，陈市长大骂电影局是"乱弹琴！""周总理都充分肯定的艺术家，他们也敢轻视！"

这次进京领奖，毛泽东、周恩来、陈云等在京中央主要领导都莅临了会场。接见中，毛泽东对上官云珠的演技大加赞赏，握着她的手笑着对江青道："她演的戏才真正达到了炉火纯青的境界。"

也就是在这次颁奖会上，无孔不入的新闻记者挖掘出了这样一则至今仍让人津津乐道的上官云珠在饰演《乌鸦与麻雀》时的一桩轶事：

电影中，饰演侯科长的李天济，年方26岁，是第一次拍电影。他拍的第一个镜头就是与饰演教员妻子的上官云珠演对手戏：在咖啡馆里，侯科长色胆包天，公然调戏前来求他疏通关系的教员妻子。镜头的要点有二：强行吻她；粗暴地摸她大腿。是时，面对上官云珠，李天济怎么也做不来要求的动作，连拍八九次，都不行。导演生气了，道："不拍了，不拍了。上官，你把李天济拎到楼上，开导开导他！"上官云珠二话不说，就将李天济"拎"到了楼上。楼上有许多小包间，上官走进一间，往靠背椅上一坐。她穿的旗袍衩开得很高，大腿便露了出来。她指指自己雪白娇嫩的大腿，对李天济说："小李，来，你摸。"李天济惊得步步后退。上官云珠站起来，跃到他跟前，道："你不摸也得摸！"就拉了他让他挨着自己坐下。李天济从来没有和女同志靠那么近坐过，闻到她身上的一阵阵香味，全身发热，额头都冒出汗了。上官云珠抓过他的手，"啪"的一声，就按在了她的大腿上了。李天济的心一下子提到了嗓子眼。上官云珠一边按着他的手在她大腿上来回滑动，一边教导说："小李，你怎么搞的？你这样子怎么往下拍？"李天济说："我恐怕不是拍电影的料。""瞎说，谁生下来就是拍电影的？照我看，你紧张，你怕我，你还有点私心，我说得对吗？""对，对。""你在电影厂也这么些年了，还写过电影剧本，人物性格行为分析，比我在行。你演的侯科长，是个色狼，见到我应该像饿虎扑羊似的，可你见了我躲躲闪闪，这符合剧情吗？""你一定要牢记，演坏人一定要演得坏到骨子里去，要让看电影的人都将你恨得咬牙切齿。""只有你把色狼的戏做足，我才可以发挥。我演得好不好，全看你的配合。"她足足开导了李天济半个多小时。两人下楼，继续拍，果然一次成功。

李天济擅演喜剧，后来被人们誉为中国的卓别林，此外，他还是名片《今天我休息》的编剧。

领袖对上官云珠的高度评价令那些打压过她的官员们大跌眼镜，但更令大家意外的是，不多久之后，毛泽东来上海视察，竟让陈毅市长安排，接见了上官云珠。

谁也不要把谁看死。谁说不会有奇迹。由于得到领袖的认可，此时，在反右运动中原已被列入了上影厂"右派分子册"中的上官云珠，现在，公开宣布出来，就变成了左派。

那些势利眼者、那些无奈疏远她的人们一下子重又围绕了过来，上官云珠的人脉恢复到了从前。很快地，她就在第一时间得到了一个重要消息：上海电影制片厂正在着手筹拍一部叫做《南岛风云》的爱国主义献礼片，导演是白沉，编剧是李英敏，男一号是孙道临，女一号是黄宗英。得到这个消息，上官云珠心头一亮，立即去找了与己交往至深的赵丹、黄宗英夫妇，与他们商量将女一号让给她。这么多年来，赵丹、黄宗英夫妇对上官云珠的遭遇是看在眼里、疼在心里，他们自然知道她的焦虑、她的需要，黄宗英二话不说，表示立即会去白沉处请辞自己、力荐上官云珠。

"她演女游击队长能行吗？"主创班子里有许多人存着疑问。

呵，实力演员就是实力演员。穿上游击队服装、手握钢枪的上官云珠，目光坚毅，步履矫健，英勇无畏，英姿飒爽，行进在密林深处，穿梭于枪林弹雨，她简直就变成了活生生的女游击队长符若华。

《南岛风云》很快通过了审查，于全国公映，报上好评如潮。人们称赞上官云珠精湛绝伦的高超演技、迅速提高的政治觉悟、要求进步的现实表现。仿佛她在一夜之间，已改掉了过去的那些资产阶级生活方式与思想作风，已经脱胎换骨，变成了一名优秀的无产阶级文化战士。她一时成了众多老上海演员的一个榜样，"瞧，连上官云珠都能改造得这么好，其他人为什么不能呢？没有什么是不可能的。"

是啊，是啊，衣柜中的那些精致旗袍早已锁上了铁锁，妆台上的那些口红香水早已扔入了垃圾箱，客厅里的沙发早换成了硬板凳，那留声机已积存了厚厚的尘埃，那雇用的小保姆已回到了故乡种田。家里唯一在用的奢侈品，只剩下了那架钢琴。那钢琴的使用者，是姚姚。上官云珠认为，钢琴适宜弹奏豪迈雄壮的歌曲，中国进入了一个豪迈雄壮的时代，这个时代，不能没有钢琴。

出演和上映《南岛风云》后的一年多里，上官云珠的内心里是洋洋得意的，只是这时，她不会再像1947、1948年间与龚秋霞、阮玲玉、张爱玲、周璇、蝴蝶、王人美、黎莉莉等并称为沪上九大名媛那会那么眉飞色舞、铿锵张扬，她学会了谦虚内敛，她更加成熟了。

她期待着出演更多的电影、塑造更多的角色，然而，电影体制变了，民众的生活方式变了，国家很穷，抗美援朝消耗了庞大的财力，经济建设很缺钱，不可能一下子拍很多的电影。接下来的几年里，她只轮到寥寥几部影片的拍摄。

电影没得拍，忙却还是忙，"三反五反"、"反右"、"新三反"、"四清"、"社教"，运动一个一个、一波一波汹涌澎湃。这些旧上海过来的在日占时期混过、在国统区里混过的电影人，一要检点和批判自身的过去改造自己，二要配合形势为运动做推波助澜的宣传，确实很忙。他们知道，他们不能再犯一点错，只要犯一丁点的错，就可能被网入网中。妓院关了，舞池废了，咖啡店转行了，

南斯拉夫名演员尤丽娅斯塔里奇（左二）
和白杨（右二）上官云珠（左一）等交换照片

上官云珠、王丹凤在上海郊县参加农业生产劳动
（右一为上官云珠）

西装旗袍过时了，新社会因倡导简单、朴素的生活方式，一下子干净了起来。谁不喜欢干净的生活呢？不管别人喜欢不喜欢，反正，上官云珠是喜欢的。

此后的几年，表面上的上官云珠依旧风光无限。她再一次获得了最高领袖毛泽东的接见，随中国电影代表团出访了捷克，代表国家参与接访了苏联电影代表团、印度电影代表团、古巴电影代表团，并于1962年荣膺了"中国22大明星"的光荣称号。那年那月，领袖神圣，可有几人能够得见最高领袖？那年那月，国门紧锁，可有几人能够接访外宾？这代表了一种至高无上的信任，也代表了一种至高无上的荣誉。多年以后，王丹凤犹在不同的场合多次吐露了当年的不平："那时，几乎没有人不忌妒上官云珠的。"

可是在内心里，上官云珠已敏锐地感知到了诸种显性和隐性的不适，感知到了"山雨欲来风满楼"的萧肃寒意。这种萧肃寒意来自于国防部长彭德怀的倒台、反右和反右斗争的扩大化，也来自于自己过去出演的影片开始一部接一部地被禁映，不久又升级为一部接一部地挨批判，她越来越害怕。因为越来越害怕，她就竭尽所能地要表现积极、表现进步，她出演革命话剧《红旗歌》，一演演了131场；她频频参加各类下部队、下工厂、下农村的慰问演出和生产劳动，得了肺病还申请坚持；她将上百首热情歌颂共产党、新中国的诗歌背得滚瓜烂熟；她在参加"社会主义路线教育工作队"期间与当地农民同劳动共生活，劳累到口吐鲜血。

她以为，群众的眼睛是雪亮的，党的眼睛是雪亮的；她以为，自己已是一个彻彻底底的社会主义新人了。

她哪里知道，对于她，人们更关注的，是她的过去，而非她的现在，再说，她的现在，也并不是白玉无瑕，许多人都知道，她与贺路在非法同居，"她是一个没有男人就活不下去的女人"。过去的，是成了型的，变不了的，眼前的，是可以伪装的。

在劫总难逃。

绝唱——凌空一跃

她的致命劫数终于降临，首先袭击她的是突如其来的病魔，继而是汹涌澎湃的政治打击，紧接着是亲生女儿的决绝背叛。

1965年年底，她正在江西农村参加社会主义农业生产劳动锻炼，忽低热不退，浑身乏力。同行的一位当过西医的朋友看了她的症状，大惊，断定她得了大病，劝她迅即回沪诊疗。她听了，认为是危言耸听，还笑道："无非是营养不良反应罢了，得了大病哪还能这样轻松？重伤不下战场，轻伤不下火线，如果党需要，我甘愿牺牲在农业生产第一线。"几天后，她头痛欲裂，跌翻在了田头，被大家七手八脚弄上回沪的列车。沪上的医生一看，"毛病大得吓坏人"，她早就得了乳腺癌，已是中晚期，眼下，这乳腺癌的癌细胞正每天以惊人的速度扩散转移，已在头部形成一个时刻可以致人毙命的脑血瘤——脑癌。医生们面面相觑，都道："从没见到过如此能忍、能撑的人。"

作为一位在当时名声极是响亮的文艺界名人，尤其是伟大领袖毛主席亲切接见过的名人，她被迅速安排了手术治疗。医院组织沪上最负盛名的专家组成医疗小组，对她实施割乳与劈脑手术。手术分两个阶段开展，先治乳，待休养恢复得差不多的时候再治脑。两次手术都进行得非常顺利。术后，上官云珠的语言功能、思维功能受到了不小的损伤，一开始曾认不得亲生女儿姚姚、哥哥韦宇平、姐姐韦月侣、表姐严永洁，也认不得贺路，更认不得从前识得的那些方块字，无法完整地说一句话，但其他的方面，皆恢复非常得不错，手术称得上是"空前的成功"。基于她的身体状况，她被安排在医院长期休养。上海市委的一位主要领导打电话给医院院长："一定要派最好的护士，用最好的药。"

然而，天有不测风云。

上官云珠术后不久，声势浩大、史无前例的"无产阶级文化大革命"运动开始了。

在时而清醒时而糊涂的情况下，坏消息还是铺天盖地朝向她的脑海涌来。当年与她一道活跃在剧坛和影坛的朋友们一个接一个、一批连一批地受到了冲击，几乎一无例外地被定性或怀疑为"资产阶级演员"、"国民党文艺走狗"、"日伪汉奸的舞台帮凶"，无论这些人曾经出演过多少进步剧目，有无与日伪、国民党勾结，一律被戴上高帽子牵上大街小巷游街，挂上大黑板押去各式各样的控诉会、斗争会批斗。报上开始连篇累牍地对她主演的《舞台姐妹》、《早春二月》进行批判，说《舞台姐妹》、《早春二月》是"美化30年代文艺黑线"的大毒草，许多文章对上官云珠进行了直点其名的猛烈攻击。各路造反派九次抄了她的家，几乎焚烧和抄走了她年轻时曾经穿过的所有华丽衣裳、绽放青春笑容的照片、记载她过往光辉与荣耀的杂志报纸、还有那些与亲友之间的往来书札以及那些整橱整橱的各种书籍。同时他们还掠走了她苦心收藏的珍贵字画、珠宝首饰。最令她伤心和受不了的是，女儿姚姚竟然领着一大帮子的红卫兵将士闯来病榻前，声色俱厉地揭发、控诉了她的十八条罪状。这十八条罪状句句凶险、字字恶毒，不堪入目，更不堪入耳，女儿声言，从今天开始就住去学校的学生寝室，再不回那个腐朽反动龌龊透顶的家，取出"断绝母女关系书"要求她当场按上红手印。情势继续恶化，最后恶化到还没等上官云珠身体复原，在连走路还走不稳的时候，就被医院扫地出门，恶化到她正在家中喝着汤药，就被人夺了药碗，挂上大黑板牵去单位、学校、街道接受各式各样的批斗。最可悲的是，在批斗她的人群之中，不少都曾是她过去的要好朋友、亲密同事、宠爱学生，有的还得过她经济上的慷慨接济、生活上的热忱照顾。从前，他们总是恭恭敬敬地叫她"上官老师",可现在,他们却一面恶狠狠地拿小石子、臭鸡蛋砸她的脸,用鞋底子、鞋帮子抽她的嘴,一面声色俱厉又龌龊下流地指着她的鼻子批她"反革命"、骂她"人尽可夫"。

上官云珠的表姐、时任浙江省省委负责人谭启龙的夫人严永洁最后一次来看她的时候,面对着韦宇平、韦月侣,潮红着眼睛说了这样一句话:"倘是她恢复得不是这么快、这么好该有多么好!倘是手术失败了,她永远地失去了思维能力语言能力该有多么好!"

1968年11月22日晚,上官云珠的催命符,终于送达到了她的府上——上海建国西路高安路口641号的家。昏黄的路灯已开了多时,大约是21点的光景,她家的门为一个电影厂革委会的人和两个操着北方口音的外地人几脚踢开。

这一天的白天,从早上到傍晚,上官云珠已连续接受了五个场次的站台批斗。双脚浮肿得厉害,浑身全无一点精神。一回到家,她便哼哼唧唧地卧躺在了床上。她没有任何办法制止自己这样子地哼哼唧唧。颈部火辣辣地疼,如在刀割,那是大黑板上的铅丝勒的,结了痂又勒破,化了脓又被勒。背部与臀部不敢着床,这些部位,有层层叠叠的被人用包着橡皮的棍子抽打后形成旧伤与新伤。贺路为她脱去了全部的衣服,正聚精会神、小心翼翼地为她擦红药水、紫药水,挤脓水,搽消炎粉,敷贴纱布,揉捏手足作身体按摩。上官云珠问:"贺路,你看我熬不熬得过去?我不想死,不能死啊,我死了姚姚怎么办?我熬不过去也要熬的。"贺路道:"熬得过去的,那么厉害的癌细胞都让你给战胜了,还有什么战胜不了的?"上官云珠苦笑了笑,道:"想不到像你这样的老实头也会说谎骗人。"贺路道:"我可不是说谎,你那么坚强,怎么会熬不过去?你是有福之人,是福将,别人都过不去的坎,你每一次都闯了过去。"上官云珠道:"你是不是想安慰我'大难不死必有后福'?"贺路道:"是。"上官道:"于自己,我倒是不会再去在乎后福不后福了,我只盼望姚姚有后福。也是因为我的关系,这孩子没过上几天舒心的日子,我不是个好母亲,我对她太严厉了。我不怪她,没有资格去怪她,是我亏欠了她啊。"贺路道:"你的这个宝贝女儿呀，不是我要来说她，她真的是太没有良心、太没有脑子了，她怎么可以这样对待自己的亲生母亲啊？"上官道："我不许你这样说她，她很要强，也很懂事，别人不懂她，我懂，她像我。"贺路听不明白，笑着道："愿闻其详。"上官道："她揭发我十八条罪状，与我断绝母女关系，表现了她的绝顶聪明，我为她骄傲。这小丫头懂得机变，你有没有注意到，她并没有动手打我，说明她并不是真正恨我，她的心底里还是向着娘的。我好开心。"贺路还是不解，正想听上官云珠继续往下说，这时，三个不速之客到了。

他们踢门而入，直闯了进来。他们看到了上官云珠赤裸的后背、臀部和双腿后，惊奇地发现，原来，这传说中风情万种、倾国倾城的绝色美女，身上几乎没什么肉，是皮包着骨头，肤色也没有想像中的那么白嫩细腻，在红药水紫药水的衬托下仍见得一般。他们勾指让贺路过去，喝问他与上官云珠是什么关系，你们是不是奸夫淫妇，政治上有什么不可告人的勾结。贺路吞吞吐吐回答说，我们是多年的老同事、老朋友，我也是她家的房客。"老同事？老朋友？房客？她能在老同事、老朋友的面前脱得精赤条条么？！真是一条臭不要脸的美女蛇！"来者对他说，我们是中央派来的，中央已经查明，这个女人是个潜伏

左三为上官云珠，左一是儿子韦然（灯灯）

下来的国民党高级特务，早年还是大汉奸张善琨的姘妇，反动文人姚克的老婆，一向以来，她伪装进步、欺骗组织、蒙蔽群众、破坏革命，解放后，她既装蒜又装病，背底下散布了无数恶毒攻击社会主义制度的言论，比如："从前我们是拿美金、金条和银元的，如今变成了薄薄几张纸"，又比如："黄金荣、杜月笙、张啸林他们其实没少帮共产党的忙。"前一阵子，更挖空心思接近伟大领袖毛主席，丧心病狂地图谋谋害全中国人民的大救星。现在，我们代表中央，要对她进行审问取证，希望你主动回避，并希望你积极坦白交待自己的罪行、检举揭发她的罪行，从今往后不要再被她欺骗蒙蔽俘虏，与她划清界线，争取立功，以求得党和人民的宽大处理。贺路无奈，转身看了几眼瘦弱的上官，只得默默地低头离开。他在附近马路上转了很久很久，后来，宿去了附近的一位友人家里。

厂革委的人站在门口负责站岗放哨，北京腔的人负责审问和笔录。这一晚的审问大约持续了三个小时，审查的形式与内容，至今无人知晓。人们只知道，在第二天的凌晨，上官云珠就跳楼自杀了。

住在上官云珠楼上的上海锦江饭店创始人董竹君事后对人说："那天半夜后，我被楼下门缝和窗缝中漏出的上官的凄厉尖叫声和呜呜哭泣声闹醒，我以为她是做了个什么噩梦，没太在意，就寻了点棉花塞住了耳朵继续睡觉。那一阵子，我自己也常常做类似的噩梦，哪在意啊？谁想到，早上，到了早上，她就跳了楼。"

家住建国西路657号的顾也鲁女儿顾耘回忆道："那年，闹停课闹革命，我小学毕业后就无学可上，担当每天上菜市场买菜的任务。那天，我刚走出家门没多远，就看见前面有一个人血肉模糊地跌翻在路边两只菜筐的旁边，已奄奄一息，仔细一认，原来是上官云珠，于是，我拼命喊、拼命喊：'上官嬢嬢（音，niáng）跳楼了！上官嬢嬢跳楼了！'待上官被人七手八脚送去医院，我惊恐万状奔回家，将这件事告诉了爸妈。爸妈听了，急得不得了，当下就要赶往医院，他们来到楼下，却为居委干部、街道执勤人员拦了下来，'你们要去关心一个畏罪自杀的现行反革命？你们的革命立场哪里去了？'上官的死讯传来，我妈哽声念了九遍'好人不得好死啊！'又说：'她最后演《舞台姐妹》、《早春二月》的角色都是自杀的，《血碑》的角色又是被烧死的，不祥之兆啊！'我爸为此难过得三天没能咽下一口饭。"

人们这样重现上官云珠凌空一跃时的情景：

她穿上一套洗得干干净净的人民装，对着镜子照了又照，她试图绽放一个微笑，镜中却总是苦脸，各式各样的苦脸。她想寻一张女儿的照片，却翻箱倒柜遍寻不着。她扫视了一遍已扫荡一空却又一片狼藉的家，笑了一笑，甩一甩头，脚步趔趄，挪到窗前，推开窗扉，咬牙爬上窗台。凛冽的寒风扑面袭来，她打了几个寒颤。她睁大眼睛，凝视远方，看到东方天际布满了七彩的朝霞。她轻唤一声"姚姚，我的宝贝，保重"，一跃而出。

这时，她家的楼下，正倚墙蜷坐着一位进城赶早市卖菜的老汉，他的脚边，是两只装满了青菜的竹编"大蒲篮"——此时的菜场大门，还没有到应该打开

上官云珠与上海电影制片厂的同事合影
（前排右一为上官云珠，右二为张瑞芳。后排右二为王丹凤）

的时辰，他在坐等开门。

上官云珠突地坠地，刚好跌落到了其中一只蒲篮中。鲜血飞溅起来，又飘洒下来，一篮碧绿的青菜被砸得七零八落，一些菜梗、菜叶被鲜血染得鲜红。菜农见状，惊慌大叫。上官艰难爬过去，拼尽全力抓住他的裤腿，奄奄一息地苦苦哀求他不要声张，说"你不答应，我就死不松手，死了也不松手"，形状惨怖，声音惨怖。菜农害怕，又无计可施，只好点头。待上官手一松，菜农便拔腿奔逃，逃去远处躲了起来。一会，顾耘上菜场路过，俯身察看，认出是经常来家闲聊的上官嬢嬢，便扯嗓大呼"上官嬢嬢跳楼了！上官嬢嬢跳楼了！"周围居民惊醒过来，纷纷探窗来望，纷纷下楼救人。等到有人用黄鱼车将她送到医院，但已经没救。

那会，上官云珠的女儿、24岁的姚姚正在上海音乐学院念书，不，正在某个街口刷大字报停课闹革命，有好心人千辛万苦寻着了她，告诉了她母亲自杀的消息。乍听时，她一脸的漠然，当来人告诉她母亲伤得很厉害，十之八九活不过来时，她呜咽着拔脚赶去了医院。毕竟是血浓于水，母女连心啊。

她赶到医院，医院说，死了，拖去火葬场了。

她赶去火葬场，火葬场说，已经和同日死掉的几个反革命分子一起集体烧掉了，没取骨灰，骨灰已和煤渣一起，填入了一个无名的污水塘。

姚姚空手而回。

贺路得到上官云珠的死讯，当夜，他在上官居住的楼下蜷坐了一夜，之后，不知所终。

上官云珠死后，组织上马上将她定性为"畏罪自杀的现行反革命分子"。

是年，上官云珠48岁。

1978年，中共上海电影局委员会为上官云珠正式平反：不是畏罪自杀，是被"林彪、'四人帮'反革命集团迫害致死。"

平反大会、追悼大会一并举行。可叹的是，会议筹备组的同志，钻天打洞也没能觅到一张她生前的形象照片，只好用她贴在档案中的一张小照片一次次地翻拍放大，用黑纱披着，挂上会场的正中。

"看见苦戏，我就会想到自己的身世。我的一生真是太不幸了，要是拍成电影，谁看了都会哭的。"这是上官云珠在电影《太太万岁》中的一句台词。谁又能想到，这句台词恰恰也是上官云珠一生的写照。上官云珠一生在银幕上塑造了26个不同的人物形象，出演了多个陷入绝境而自杀的女子，而最终，她也以跳楼自杀的方式结束了自己的生命。上官云珠一生命运多舛，历经坎坷，她的一生如同电影。

十里洋场，世纪风雨，绝代风华，一场戏梦。从乡野少妇到上海名媛，上官云珠在这座充满物质和欲望的城市里，挣扎为一代明星。她在为之奋斗一生的银幕上，巧笑过，娇媚过，无奈过，痛苦过，辉煌过，自得过，然而，一切繁华与没落都已剧终，不灭的只是她转身留给这个世界的美丽卓绝的音容。

后 记

一滴海水蕴含一片大海，一枚绿叶彰显整座森林。古镇长泾也是一滴水、一枚叶，一片大海、一座森林。上官云珠亦是。

作者亦曾是长泾的一滴水、一枚叶。自1987年调离，我时常梦见曾经工作了五年半的长泾，在这里，我度过了我的青涩年华，后来，喜欢上了创作，便更思量着要将这里美好的点点滴滴描摹下来。泾水河边回荡着古老的吴歌，石板街上诉说着精彩的故事，陈店桥畔舜帝的遗迹让人缅怀不尽，龙集嘴南朝梁时的水利工程遗址梁武堰犹有实迹，与江南蚕丝业大王吴江费氏企业（奠基人是著名学者费孝通之姊费达生）齐名的大福蚕种繁殖场也值得好好写写。于是，有一阵子，只要得空，就驱车三十余里往长泾跑。

我信马由缰，东游西荡，穿行于长泾的街巷水栈，与陌生人群东拉西扯，之后便有了《遥望东舜城》、《业师张静及宋氏蚕种业》、《再次撬动的石板街》、《飓风吹不散那爱》、《一门五影人》等以"长泾纪事"为总题的一组文稿，内中多次提到了上官云珠。我的好友、中国作协会员、常熟市作协主席俞小红先生第一时间读了我的这些文字，他提议，你应该来写一写这一位上官云珠，这是一位非凡的奇女子，值得写。

上官云珠，江苏江阴长泾人，出生于石板街沿街的一个普通的小业主家庭，中学尚未毕业便嫁给了本镇的一位富家少爷，儿子刚出生，便遭遇日本侵略军入侵太湖平原。于是，在日机的轰炸声中，随着国军溃退的路线举家流亡，年余后辗转落脚上海。也是机缘巧合，她排除万难，非常稀罕地以一个已婚妈妈的身份踏入了演艺圈，而后不屈打拼、几历沉浮，成为了一位电影女明星。她一生经历了五次婚姻，塑造了各种银幕形象，得到了毛泽东主席的多次接见，48岁时跳楼而亡，一生充满了传奇色彩，也充满了悲剧色彩。

上官绝对是一个充满争议的人物——她行事我行我素，不大顾忌旁人的眼光，却总能在别人需要的时候说出最贴心最体己的话；她巧于酬酢，八面玲珑，却又率真得惊人，几乎周围的人都承过她的情，得过她的计，但却分明对不起几个在生命中最重要的人；她有自私、粗暴、虚荣、局限的一面，但那背后却是善良、无奈、忍耐和事业；她爱儿女，但为了能演上戏却可以有所放弃，不惜一次次重组家庭……只能说，她是真正在用生命去演戏，这不是人人都能做到的。在那个严酷的时代环境下，为了达到自己的愿望就不得不牺牲其他一些东西。正是这种大起大落的人生遭际造就了她复杂的气质，也造就了中国电影史上一个伟大的表演艺术家。与其他演员相比，上官更多了一种明星的光环，"人生如戏，戏如人生"，这句话在她身上体现得淋漓尽致。

知道写一个人很难，就算尝试一下吧。曾经设想，如果我能够，我要写下有血有肉有精神的上官云珠。然而，这个设想，似乎只能是个设想，她离世离得太早了，她受到的迫害太严酷了，我来写这个题材的时间太晚了，她的情感生活太复杂太为世俗所不容了。她的那些生活的许多重要的点点滴滴已被社会和岁月的尘埃遮盖掩藏涂抹，许多还因为"为活人讳"而被刻意掩蔽。我只能循着她一生经历的大脉络、大事件，参照历史背景与相关人士的回忆资料，以文学创作的形式来塑造、描绘她人生的一个局部、一个侧面，重在刻画她的精神面貌。本书不是传记，世上写不出百分百真实的传记。倘本书内容有差谬的地方，祈不吝指正，以利作者进一步加工完善，塑造更为真实的上官形象。

搜集史料与素材的过程当然是艰辛的，但我同时也为从中获得了许多的"第一发现"而备感兴奋。

我注意到，上官所演的角色，除了《南岛风云》，几乎没有演过一号，演二号也为数不多，然而，她却赢得了巨大的声誉，这就是最大的奇迹，我想揭示这奇迹的由来。

　　这个星球的色彩是斑斓多姿的，我们生活的世界是千变万化的，上官云珠，她的电影、她的故事，不过是这汪洋恣肆的世界中的一滴小小的水珠，但是她依然蕴含着生活的全部元素和真谛。愿这一滴水珠所折射出来的星斑与太阳的光芒汇到一起，把我们的生活装扮得更加辉煌灿烂。

2013.07.15